U0033832

質樸堅毅

張其昀日記

（1949-1950，1952）

Temperament, Simplicity, Strength, and Tenacity
The Diaries of Chang Chi-yun
1949-1950, 1952

民國日記｜總序

呂芳上
民國歷史文化學社社長

　　人是歷史的主體，人性是歷史的內涵。「人事有代謝，往來成古今」（孟浩然），瞭解活生生的「人」，才較能掌握歷史的真相；愈是貼近「人性」的思考，才愈能體會歷史的本質。近代歷史的特色之一是資料閎富而駁雜，由當事人主導、製作而形成的資料，以自傳、回憶錄、口述訪問、函札及日記最為重要，其中日記的完成最即時，描述較能顯現內在的幽微，最受史家重視。

　　日記本是個人記述每天所見聞、所感思、所作為有選擇的紀錄，雖不必能反映史事整體或各個部分的所有細節，但可以掌握史實發展的一定脈絡。尤其個人日記一方面透露個人單獨親歷之事，補足歷史原貌的闕漏；一方面個人隨時勢變化呈現出不同的心路歷程，對同一史事發為不同的看法和感受，往往會豐富了歷史內容。

　　中國從宋代以後，開始有更多的讀書人有寫日記的習慣，到近代更是蔚然成風，於是利用日記史料作歷

史研究成了近代史學的一大特色。本來不同的史料，各有不同的性質，日記記述形式不一，有的像流水帳，有的生動引人。日記的共同主要特質是自我（self）與私密（privacy），史家是史事的「局外人」，不只注意史實的追尋，更有興趣瞭解歷史如何被體驗和講述，這時對「局內人」所思、所行的掌握和體會，日記便成了十分關鍵的材料。傾聽歷史的聲音，重要的是能聽到「原音」，而非「變音」，日記應屬原音，故價值高。1970年代，在後現代理論影響下，檢驗史料的潛在偏見，成為時尚。論者以為即使親筆日記、函札，亦不必全屬真實。實者，日記記錄可能有偏差，一來自時代政治與社會的制約和氛圍，有清一代文網太密，使讀書人有口難言，或心中自我約束太過。顏李學派李塨死前日記每月後書寫「小心翼翼，俱以終始」八字，心所謂為危，這樣的日記記錄，難暢所欲言，可以想見。二來自人性的弱點，除了「記主」可能自我「美化拔高」之外，主觀、偏私、急功好利、現實等，有意無心的記述或失實、或迴避，例如「胡適日記」於關鍵時刻，不無避實就虛，語焉不詳之處；「閻錫山日記」滿口禮義道德，使用價值略幾近於零，難免令人失望。三來自旁人過度用心的整理、剪裁、甚至「消音」，如「陳誠日記」、「胡宗南日記」，均不免有斧鑿痕跡，不論立意多麼良善，都會是史學研究上難以彌補的損失。史料之於歷史研究，一如「盡信書不如無書」的話語，對證、勘比是個基本功。或謂使用材料多方查證，有如老吏斷獄、法官斷案，取證求其多，追根究柢求其細，庶幾還原

案貌，以證據下法理註腳，盡力讓歷史真相水落可石出。是故不同史料對同一史事，記述會有異同，同者互證，異者互勘，於是能逼近史實。而勘比、互證之中，以日記比證日記，或以他人日記，證人物所思所行，亦不失為一良法。

　　從日記的內容、特質看，研究日記的學者鄒振環，曾將日記概分為記事備忘、工作、學術考據、宗教人生、游歷探險、使行、志感抒情、文藝、戰難、科學、家庭婦女、學生、囚亡、外人在華日記等十四種。事實上，多半的日記是複合型的，柳詒徵說：「國史有日歷，私家有日記，一也。日歷詳一國之事，舉其大而略其細；日記則洪纖必包，無定格，而一身、一家、一地、一國之真史具焉，讀之視日歷有味，且有補於史學。」近代人物如胡適、吳宓、顧頡剛的大部頭日記，大約可被歸為「學人日記」，余英時翻讀《顧頡剛日記》後說，藉日記以窺測顧的內心世界，發現其事業心竟在求知慾上，1930 年代後，顧更接近的是流轉於學、政、商三界的「社會活動家」，在謹厚恂恂君子後邊，還擁有激盪以至浪漫的情感世界。於是活生生多面向的人，因此呈現出來，日記的作用可見。

　　晚清民國，相對於昔時，是日記留存、出版較多的時期，這可能與識字率提升、媒體、出版事業發達相關。過去日記的面世，撰著人多半是時代舞台上的要角，他們的言行、舉動，動見觀瞻，當然不容小覷。但，相對的芸芸眾生，識字或不識字的「小人物」們，在正史中往往是無名英雄，甚至於是「失蹤者」，他們

如何參與近代國家的構建，如何共同締造新社會，不應該被埋沒、被忽略。近代中國中西交會、內外戰事頻仍，傳統走向現代，社會矛盾叢生，如何豐富歷史內涵，需要傾聽社會各階層的「原聲」來補足，更寬闊的歷史視野，需要眾人的紀錄來拓展。開放檔案，公布公家、私人資料，這是近代史學界的迫切期待，也是「民國歷史文化學社」大力倡議出版日記叢書的緣由。

序言

　　張其昀（1901 年 9 月 29 日—1985 年 8 月 26 日），字曉峯，浙江鄞縣人，中國著名史地學家及教育家。1923 年畢業於南京高師（即後來的東南大學、中央大學），1927 年任教中央大學，1936 年受聘為浙江大學史地系教授。來台後曾任中國國民黨中央委員會秘書長、中華民國教育部部長、中華民國總統府資政等要職，亦為中國文化大學、華岡藝術學校創辦人。

　　張創辦人於 1985 年逝世，其手邊之文物多交由中國文化大學圖書館保存，圖書館特闢張創辦人文物資料室典藏，並於 2014 年起建立「教育家張其昀先生資料庫」，進行整修、掃描、建檔工作，至 2020 年止已建立檔案 7 千餘件，流傳與提供現代史、台灣史教學研究之用，並為歷史實證，見證台灣政治、社會、文化及教育發展的過程。惟其中並未包含日記手稿。

　　日記本屬私人文件，當初或由於個人因素，或基於個資法與智財權考量，張創辦人日記雖典藏於中國文化大學圖書館，卻從未公開。2020 年 8 月本人接篆圖書館館長，見詢於史學家劉維開教授，謂曾在中國國民黨黨史委員會出版之《先烈先賢書畫集珍》中得窺張其昀先生 1950 年 1 月 1 日至 8 日之日記手稿，談有關日月潭會談事宜。希望瞭解有無更多手稿留存？經進一步追查，始知中國文化大學圖書館確實典藏有張創辦人 1949、1950、1952、1973 等 4 年之日記手稿，其中

1949 僅 11 月 29 日至 12 月底，1950 年僅 1 月 1 日至 6 月 26 日，1952 年 1 月 1 日至 11 月 7 日，1973 年全年份，另 1949-1952 三年之日記曾於創辦人在世之時交秘書張行蘭謄抄備份。張創辦人日記牽涉個人的記載極少，1949-52 年多為參贊中樞的紀錄，1973 年多為中國文化大學辦校點滴，內容極為細膩，非常值得公諸於世，傳之於後。因與民國歷史文化學社多次協商，並得曉峯先生孫女張海燕女士之授權，將此 4 年日記出版，分為兩冊，1949-52 年合為一冊，1973 年單獨成冊。

創辦人手稿多為蠅頭小楷，辨識不易，日記手稿中文字記載較多時，滿紙密密麻麻，加以涉及人名地名甚多，從辨識、打字、校稿，感謝民國歷史文化學社及中國文化大學圖書館同仁，耗時費力完成，終能有此書的出版。創辦人在創校之時即以「圖書館為大學的生命線」為旨建立圖書館，創辦人身後，圖書館能有此因緣出版創辦人日記，並在創辦人 120 歲冥誕之際（2021 年 11 月 9 日，創辦人出生於辛丑年 9 月 29 日，為農曆紀年，換算陽曆，為 1901 年 11 月 9 日）於曉峯圖書館辦理新書發表會，其意義至為重大，更可告慰於創辦人靈前，特為之紀。

中國文化大學圖書館館長陳立文　敬筆

編輯凡例

一、 本書收錄張其昀先生 1949 年 11 月 29 日至 1950
　　年 6 月 26 日，與 1952 年 1 月 1 日至 11 月 7 日
　　日記，其中若干原稿佚失部分，以秘書張行蘭先
　　生謄抄版本補遺。

二、 古字、罕用字、簡字、通同字，在不影響文義
　　下，皆改以現行字標示。

三、 原稿既留空格以△表示，修正處以雙刪節線表
　　示，編註則以【　】標示。部分文字段落前後之 ＊
　　符號為原稿既有，表示段落雖不連貫，但記事間
　　存有關連性。

四、 作者於書寫時可能有魯魚亥豕之失，為存日記之
　　真，恕不一一標註、修改。

附圖

1949 年 7 月，蔣中正率團赴菲律賓參加碧瑤會議，季里諾總統在機場迎迓。（中國文化大學圖書館提供）

1949 年 7 月，蔣中正率團赴菲律賓參加碧瑤會議，與季里諾總統等與會人員合影。張其昀立於第三排左二。（中國文化大學圖書館提供）

1949 年 8 月，蔣中正率團赴韓國參加鎮海會議，李承晚總統親迎。（中國文化大學圖書館提供）

1949 年 8 月，蔣中正率團赴韓國參加鎮海會議，雙方討論公報。（中國文化大學圖書館提供）

1950 年，張其昀與中國國民黨中央改造委員同仁合影。
（中國文化大學圖書館提供）

1950 年 8 月 5 日中央改造委員在中央黨部大禮堂舉行
宣誓，國民黨總裁蔣中正親自主持。（中國文化大學圖
書館提供）

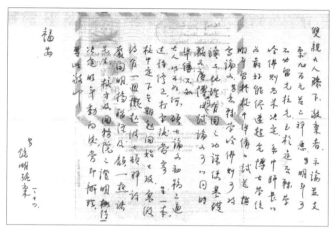

1952 年 1 月 14 日，張鏡湖致張其昀、龔柏英函。（中國文化大學圖書館提供）

目錄

民國 38 年（1949 年）

【原稿缺 11 月 29 日至 30 日，依張行蘭抄錄本補錄】

11 月 29 日　星期二　草山連日多雨，今始放晴

今日氣候很像江南仲春天氣，晨雨輕濛，傍晚不雨，午放驕陽，入晚迷濛細雨。

吳國楨自渝返台北，行政院自渝遷蓉。

起草「新思想、新事業」一文。

謝幼偉兄十月廿二日自吧達維亞來函：「弟以母命難違，而八華中學之約不能不踐，遂于十月二日舉家南行，八日即抵巴達維亞，並於上周到校視事。此校規模極大，共有中、小學生三、四千人，惟師資缺乏，辦理不善，亟須整頓。弟經王約在港友好前來幫忙，唯入境不易，不知何日方能到此而已。此間除宋宗銓君為先生所知外，尚有王秀南夫婦（王任此間新成立之高級商業學校校長，均先生東大弟子），及一浙大史地系畢業生盧湛商君，彼等對先生均極表關切……弟無久留南島之意，但國內局勢如無轉機，則回去亦無意義……」此信十月廿八日即到香港，通訊處：吧達維亞中華會館。

革命實踐研究院兼任講座十一月薪金 147 元台幣。

台灣省三十九年度行政會議定十二月五日在台北市中山堂舉行，「務希賁臨指導」。

擬編撰「總體戰的理論」一書，分五章：（一）中國（上）蔣百里；（二）中國（下）閻百川；（三）英國；（四）美國；（五）蘇聯。（一）、（四）、（五）已有成稿，（二）、（三）需新撰。

陳紀瀅君撰弔大公報一文,刊於新生報,不勝感慨係之。

閱李由農所擬革命實踐研究院第一期研究員對本院設施之意見,計優點廿則、缺點九則、改進意見廿四則。

任世桂致俞濟時電稱聞:「孫司令曾報戴免職,並于會報中公開指責戴不服從命令,而為陳所阻。孫、陳、戴關係惡化,不協調,對台灣前途影響殊大。陳宣示軍事單純,指揮統一,誠為至理,惟若以之排除異己,造成清一色勢力,則殊關人事公開大公之道。」任係第六軍少將副軍長,貴州鎮遠人。

唐縱致蔣經國電:「此時如能守住川西,佈置西昌尚有可為。總裁巡視西昌後,宜返台處理台灣問題,此為根本之圖。」

俞濟時致陳舜畊電:「先生起居處可裝電爐,糖業招待所緩裝。」

介紹蔡鳳蓀(同瑜)兄至中央氣象局服務,任資料室主任。

11月30日　星期三　雨

復謝幼偉書,附寄革命實踐研究院講習錄第一冊。

讀台灣兵要地誌,觀一書,為日人舊作,卅六年五月台灣警備司令部譯編印,原書述至卅二年底,卅四年付印(日本前台灣軍司令部編印)。

王雪艇五時來訪,談總裁復職問題有兩前提:其一,代總統如不能堅持反共立場;其二,軍事更加惡

化，中樞負責無人。大概復職之期已不在遠，當研究者為手續問題，明日設計委員會當加討論云。

郵資：國外航空 2.25、掛號 3.15 元。寄「菲韓紀行」，印刷品掛號 2.8、不掛號 1.9。

總裁自渝抵蓉。

【原稿缺 12 月 1 日至 11 日，依張行蘭抄錄本補錄】

12 月 1 日　星期四　雨

　　設計委員會開會，致蓉電文：「……討論總裁復位問題，認為李德鄰先生名義，現為代總統而非繼任總統。總統原係為和談之故暫時引退，並未正式向國民大會辭職，現在事實上既無論繼續代理，李先生並有書面表示，總裁復位自不致引起憲法上手續問題。對于總統文告，於堅持反共以外，希望參照本黨改造方案，特別強調民主與法治及有關民生主義之政策，於行動內閣之人選，尤希特別慎重，以資號召。復位以後，宜發動國大、立委及各地民意機關、國內外各界民眾熱烈擁護之運動……」。

　　鄭介民新由美歸，向本會報告接洽軍事援華事，略謂中國新軍一師可抵共匪一軍，孫立人的新軍十二師，其中六師尚未裝備，中國要求美國能為我裝備廿五師，因匪目前分為數幫，每幫均大于廿五軍，我可先擊潰其任何一幫，再圖進取。金門之役，孫二團、胡二師均未經打仗，試△殊為滿意。空軍希能維持八個大師，有雷達設備，海軍需有攻擊力的艦隊，美方認為合理要求。在政治上支持蔣總裁，海軍將有十六巡邏艇加入我方。

　　吳國楨報告陪同諾蘭訪渝經過，謂諾蘭來華有其私人目的，即為一九五二年大選競選地步，美國國民性△△，政治家應在輿論做工夫。在渝諾蘭與總裁長談三小時，總裁謂戰前美援軍火不到三十師，國外占十分之七，國內十分之三，國外已損失十分之八，國內者未損失。戰後一千二百萬，多屬砲兵用及空軍器材，砲兵用

者現在孫立人處，空軍器材亦經保全。至于分配不公問題，諾蘭謂甚明瞭，第二次大戰邱吉爾對法國亦有同樣情形。諾謂白皮書很不完全，魏德邁備忘錄支持蔣委員長，即被國務院有意刪去。總裁說明當時下野情形，謂「過去二十三年以來，黨政軍幹部一手栽培，自無離心現象，東北問題自承有許多錯誤。外交政策迫我引退，當時公開說對共黨不打，只能和平，又謂蔣在美援不來，因此內部發生分崩離析之象。我走了和平仍不可能，美援也未必來，他們不相信，不能不下野，以後局勢惡化，為始料所不及。重慶號叛變，傅作義投降（減少四分之一兵力）故與我下野有關，殊悔當初不應退休。」諾蘭希望今後在大陸上仍能保有一、二省份。

唐縱致經國電：「介民兄自美返台，攜回接洽結果，本日由空軍便機帶呈。據介民兄接洽經過觀察，此項事件之發動為美國政府預定之計劃，第一案批管台灣，第二案有條件之支援。第一案現為我反對作罷，第二案之精神則著眼于人事之配合，如人事不能滿足美方之期望，則將採取放棄之態度。」據介民相告，美方對于孔、宋、陳，認為應負此失敗責任，如再次援助，我方政府必須擯棄孔、宋、陳。故此介民赴美不令往訪夫人，弟恐為孔、宋所知，而參預其事也。

總裁辦公室發十二月份薪 320 元。

下午七時本室職工訓練班開學，余往致詞。

12 月 2 日　星期五　晴

研究院送來黨史篇稿費 150 元。校對「三民主義與

中國文化」清樣。

王雪艇介紹研究院購總理遺墨一冊，費三千六百元。

今夜星月皎潔，為草山難得之好天氣。偕舜畊、佩秋二兄，沿多喜橋散步至山仔后附近而返。

研究院第二期研究員報到，擬研究員結業後聯繫辦法。

12月3日　星期六　晴

完成「三民主義之新開展」一文，又革命實踐研究一文。

下午八時回家。凌純聲偕商務印書館台灣分館經理趙和誠君來訪，攜來商務印書館香港工廠廠長李孤忱信，內稱：「吳德生先生前為總裁委△譯述新約全書，經十年來之訂正，並攜赴梵蒂岡，承教宗派員審定。春間返國，將原稿交敝港廠排印，茲已殺青，遵譯者囑，謹將二冊特裝『謹呈總裁賜覽』真皮封面者，已付航郵以掛號寄敝館台灣分館，至希台端轉呈總裁。另精裝聖經紙印本一百冊，亦煩轉贈親友之需……」

方神父杰人偕台大教授陳紹馨來訪，見贈台灣文化季刊第五卷第二期，並囑為台灣文化協會擔任演講一次，地點在中山堂，時間本月廿四日。

黃少谷電：「王雪艇並轉陳辭修暨設計委員會：亥東電已呈總裁閱悉。朱、洪本日自港返蓉，據稱李代總統想自行推翻前言，仍決保持代總統地位出國，揚言一面治病一面爭取美援，一個月即返。蓋美國務院授受其私人資格出國，深覺對美活動又有希望，故復趨積極，

而自食其言」。△知名電袁企止△：「出爾反爾，以國事為兒戲。」

陳長官電總裁：「美在日遠東司令部來台軍官懷特等六人，曾往台中裝甲兵集訓處、高雄要塞、屏東空軍基地、左營海軍基地、鳳山陸訓部等單位考察。

（一）考察目的在著眼：

　　（1）台灣為美太平洋反共防線內重要之一環，對台灣安全極表關懷。考察繼續援華，保障台灣之可能途徑。

　　（2）地形、氣候、物產。

　　（3）軍備及部隊訓練情形。

（二）考察觀察：

　　（1）對各單位堅苦奮鬥，極感欽佩。

　　（2）美陸海空軍絕對表同情，甚願精神與物質支持，惟國務院感覺遲鈍，故迄未積極表現。

　　（3）今後應進△培養匪後反共力量，為反攻大陸時內應。

　　（4）匪在金門登步慘敗後，現積極徵集船隻，可能為再攻擊，亦可能以少數部隊牽制貴守軍，而以主力直攻台灣。此著棋不可不防。

　　（5）台灣應全力從事部隊之訓練，兵源可由大陸海運或空運來台。

　　（6）貴署指揮作戰室規模完善。

　　（7）糧食增產，三七五減租效果偉大。」

12月4日　星期日　傍晚雨

晨八時回草山。

九時研究員第二期始業典禮，陳長官致訓。

十一時接開第五次院務會議，到王世杰、陳誠、徐培根、萬耀煌、王東原及余六人。

一時余講「講習要旨」凡二小時，闡述革命實踐研究院革命、實踐、研究三者之要旨。

黃少谷電：「王委員雪艇、董組長顯光兄：立監委、國大代表如發通電，可勿阻止，但不必有攻擊對方之語，並宜交外國通訊社發表。又對方于西南危急之時，未與任何人商量，突然出國，且同行者李漢魂又為宣言主和，與匪有勾結之人，而總裁始終在大陸支持前線堅強抗共各點，盼能設法透過在台外國通訊社特予強調。」

12月5日　星期一　淒風苦雨

研究院開始上課。上午余講黨史二小時一刻，下午講黨的理論二時半。

致黃少谷電，報告研究院開學情形及新經全集即成事。

復李孤忱書，略謂商務為國家瑰寶，于復興種子關係至鉅，希善為△保存國家元氣。

兩周文摘第五期，載余「中國之立國精神」一文。

下午三時設計委員會談話會，在糖業公司招待所舉行，談總裁復職事，推余起草電文。到國楨、道藩、井塘、希孔、東原、乃建、健中諸位。

第二期研究員正副 57 人，計中將 6、少將 25、上校 28，又兵團司令 1、副司令 4、海空軍區司令 3、軍長 3、副軍長 4、師長 3、其他 17。

李代總統飛美。

台灣行政會議開幕。

12 月 6 日　星期二　午晴晚雨

聯大政委會決議中國控蘇案交與小型大會決議。

上午十時開設計委員會談話會，雷震主席，到健中、井塘、希孔、佩秋、東原。由余擬電稿，經修正，送請王雪艇改正後，發出電文如左：

「對於總裁復位文告內容，請貢獻意見數點如下：

（一）此次復職一因中樞負責無人，海內外同胞及民意代表嚴辭督促本人負責。二因本年一月本人委託副總統代行職務，係因憲法四十九條末款『因故不能視事』之規定辦理，本人在憲法上之職權尚未解除，故復職完全於實際的與法律的責任感，務當排除萬難，以期撥亂反正。

（二）分析國內外形勢，著重戰局雖有進退，但淪陷區反共潮流日益高漲，盼企中央日益殷摯，國際間對蘇聯控制共匪之認識，愈益真切，人心士氣倍感鼓勵。

（三）坦率指陳過去之缺點，及對于淪陷區同胞痛苦之繫念，並說明今後改革之方針，以最大之誠意擁護憲法、尊重民意、倡導民治，希望與各友黨在一致反共之目標下共同奮鬥。在內政方

面，整理軍隊、革新財政及地方行政、加重富
人負擔、改善平民生計，務期動員民眾，足兵
足食。主張言論自由，期望報界以負責精神同
心輔弼，培養積極進取之政風，力矯虛浮因循
之積弊。

（四）以主義領導政策，以政策決定人事，用人廓然
大公，泯除派系觀念。過去貽誤國事應負責任
者應予摒除，選拔優秀有為之青年，促進新陳
代謝作用，對忠貞不拔、卓著功績之文武鬥士
不次擢用，別功過、嚴賞罰，以振奮士氣，重
振綱紀。」

繼討論政治改革方案問題，推余起草，初稿內容
分：（1）總則；（2）黨政關係；（3）國防計劃；（4）
外交政策；（5）中樞政制；（6）地方政府；（7）人
口與土地政策；（8）財政政策；（9）經濟建設；（10）
文教政策；（11）社會政策；（12）敵後工作。今日草
擬（2）、（3）兩項。

顧維鈞電（三日發，今日轉蓉）：「美參議員史密
斯考察歸美，主張援助台灣，免落共手。昨紐約、華府
各報載稱美聯合參謀本部認定台灣對美國無甚大戰略重
要性，不擬進佔該島，以免捲入中國內戰漩渦。本月
紐約論壇報及此間郵報社論均同意參謀本部對台灣之決
定，略謂欲保障該島，非派美兵相助不可，但此舉必致
使美捲入漩渦。因該島華軍惟其一部份尚能可用，其他
部隊精神勿振，甘心投降中共。近數月來該島防禦雖
略見改善，仍須從速繼續努力，俾美國有再援華之理

由云。」

雪艇致少谷電：「鄭介民報告事，弟意不宜久擱，否則美方式採完全丟手政策。倘總裁與辭修不便即速會晤，可否請總裁電辭修，囑其與弟迅即商擬致少川之訓示，電蓉呈核已酌辦。弟意除電少川及皮宗敢外，或可更請顯光往美京一行，密晤白吉爾。」

乃建電總裁：「薛岳曾當眾評擊李代總統此次臨難飛港，大失國體。」

賀忠儒來訪，囑向氣象局介紹。

12 月 7 日　星期三　雨

政府遷設台北。總裁赴西昌。

新任浙江省政府主席石覺岱山就職。

珍珠港八周年。

設計會談話會繼續開會，道藩主席，到健中、井塘、佩秋、儆寰、希孔、東原、乃建諸君。政治改革方案（二）黨政關係、（三）軍事政策，修正通過。

李欽若來電：「商務送來新經全集一百本，總裁日記亦由商務印就。」

洪蘭友自港來台，攜來二電，即發成都。

五院院長上總裁電稿。

又彥棻致經國電稱：「亮疇對常會關于德鄰出國一節之歷次決議均表同意，並表示三點：

（1）德鄰此去恐無如期回國之望，其在港對代表等各項表示，顯為拖延時日，以完成其出國之準備。

（2）自南京撤守後，顯示我軍事上無能，在此情況

下，非至第三次世界大戰發生，局勢恐難好轉。

（3）總裁實為第三次大戰發生時，扭轉我國局勢之唯
　　　一領袖，此時須特別珍惜。

言外有不主張總裁于此時復出，致因不可免之失敗，而
自減威望之意。」

12月8日　星期四　雨

閻院長來台北。李代總統抵紐約。

設計會談話會繼續開會，修正通過中央政制、地方
政制。方治主席，到胡、余、王、唐、羅諸位。

「三民主義與中國文化」一書出版。

闞鐸曾來訪，商中學校長事。

Taiwan Biweekly 創刊號出版，送來一冊。

12月9日　星期五　晴

設計會談話會繼續開會，修正通過人口與土地政
策、財政政策、外交政策。健中主席，到余、羅、王、
張道藩。

下午二時至四時，研究院舉行黨務改造方案研討
案，余與張道藩、陳石泉、羅佩秋出席。

鄭介民致皮宗敢電：「攜來方案，總裁在商議中，
希先將方案詳情告顧大使，惟弟其守秘。」

鄭于上月廿九日抵台。昆明事變。

王世杰上總裁電：「聞鈞座拒絕考慮即時復職，無
任仰佩。世杰自始即以李公如無誠意，鈞座不必考慮復
職，否則法統之爭將徒增鈞座對內對外之困難。（二）

關于鄭介民報告事，世杰當遵示速與辭修兄商議，即行呈覆。現值美政府激論台灣問題之時，其決策之期已迫，我方之決定與行動決不宜遲緩。杰與辭修呈覆到達時，萬乞鈞座立予核辦。又辭修已與國楨面商一切，大致已無問題。（三）頃接美國報告，白吉爾已被任為國務院遠東軍事顧問。」

12月10日　星期六　大放光明

總裁于下午八時三十分抵台北，于偕蘭友、井塘赴松山機場往迎。

訪閻院長，晤賈秘書長景德，訪于院長于青田街。訪吳國楨于其新居，談其出長台省事。夜返家留宿。

設計會談話會，井塘主席，到道藩、儆寰、健中、佩秋、東原、乃建諸君。「政治改革綱要初稿」討論完畢，前後五天。

12月11日　星期日　雨

晨赴金山街訪謝冠生，請其整理龐德講稿。十時返草山，赴第二賓館訪少谷。△後草山訪功權，以「政治改革綱要」初稿一份進呈總裁，又新經全書二冊及研究院叢刊呈閱。

為保全國航、央航留港飛機及財產不致淪落共黨，擬將其全部財產即予移交陳納德、魏勞爾保護。

白崇禧電：「華中官兵因銀元券停止兌現，人民拒用。兩月以來，官兵每多枵腹作戰，軍馬餓斃甚多，機槍大砲多數無法攜帶，士氣沮喪，戰力減低。」

　　杭州撤退時，將中央銀行庫存黃金 5,593 兩、銀元 250,100 元、白銀 97,336 兩、銀角 150,000 枚、美鈔 156,000 元、港幣 33,000 元、菲幣 59 元運來交央行保管，再由甬央行運定。七閱月來因收入銳減，浙政支出浩繁，中央輔助停止，不得不陸續移用。截至十二月五日止，除銀元、銀角用罄外，尚存黃金 3,500 兩、美鈔 125,000 元、菲幣 59 元及白銀，售價計台幣三千萬五千元。

12 月 12 日　星期一　晴

　　九時設計委員會第十五次會議，審議「政治改革綱要初稿」。道藩主席，到正綱、國楨、少谷、健中、希孔諸君，下午四時結束。

　　少谷頃閱「實行耕者有其田，發動民眾，反共自衛軍蜂起，以消滅共匪案」，係閻院長所提。

　　十時研究院紀念週，總裁致訓，檢討西南之行，致恨於高級將領喪失鬥志，匪軍竄入四川，宋希濂應負最大責任，胡宗南部四十萬人已自秦嶺山區撤至川西北。

　　台灣省行政會議閉幕。

　　下午四時半黨務小組開會。

　　夜晚後與舜畊散步。起草「審度全局恢復攻勢」一文。

12 月 13 日　星期二　雨

　　總裁居大溪。

　　蕭自誠君來訪，民十四東大肄業，政校三期，任侍

從秘書十一年，留學英美四年。

「審度全局恢復攻勢」一文付穆寶慈君續錄。

得長官公署郭外川復函，為胡頤研究蔗渣造紙事。

海口白崇禧電：「現南路桂南、桂西已將全部陷匪。為保存實力待機反攻，除仍擬設法增援瓊島外，刻已先飭 1CA、17CA、10CA 各部由桂西以志願軍名義入越，與越國民黨領袖武洪卿【武鴻卿】合作，在滇桂邊陲邊區活動，先圖生存，再圖後案。倘匪軍追我入越，則國際糾紛必起，美或將出面干涉，將反共戰爭變成國際戰爭，於我有利。當否，懇鈞核。又謂滇省八軍、廿六軍決難立足，擬請由滇△方面入越。」

海口薛岳電：「海南內匪未清，外匪已陷高雷、欽廉，不能稍事喘息者，惟海空軍之協助。全島國軍糧餉無著，計月需大洋三百五十萬元。」

俞國華電（38.11.23）：「惟果咋晤周以德議員，據稱美海軍方面對保衛台灣甚為重視，認為係美遠東防線之一環，惟特在台軍政應即有一更變，例如孫立人主軍，吳國楨主行政，或可于馬歇爾輩以轉圜之機會。而美方政策之推行亦較為順利云。」

夫人（38.11.29）：「結婚紀念日不能相聚，甚為思念⋯⋯」

東南區軍費按六十萬人預算。舟山經費每月約需110 萬銀元。

陳誠（12.4）：「雪艇先生示以介民之與白吉爾談話要點⋯⋯為將來方便計，可否先以吳國楨擔任省府秘書長。」

張羣（12.8）：「永衡與羣長談數小時，所提皆所感受之困難問題，認為此類問題如不獲解決，即無法拖下去。金價問題較他地尤形嚴重，中央發款以 140 元計算，而此間市價合銀元 50 元左右，無論主副食及餉款，實際僅能照規定發給三成，餘自無法維持。糧無存儲，已批發有案之械彈亦無法領得，因此部隊無法維持與運用。盧極感失望，認為如中央不能解決此等問題，則在滇設立機構，縱鈞座親自主持，亦難期國軍之效命。」

俞國華（12.5）：「美經濟日趨繁榮，較上年度尤佳，竟懼戰。歐陸復興甚速，對蘇關係不致惡化。吾人期待大戰以圖復興之言，此邦極不願樂聞。」

夫人（12.8）：「請兄速即正式復職，以免後患，因李來美，故複雜重重，若再遲延，恐台灣亦有問題。」

鄭介民（11.8）：「今日往訪白吉爾，彼密告當局擬議之中美合作方案，甚合我方要求。此行已收相當成果，白吉爾對保台軍事極熱心協助。」

俞國華電（11.25）：「蔣廷黻數月前發表組織中國自由黨，草擬組織大綱，主要政綱及組織，大致仿英國勞工黨，嗣經胡適詳為修正其主張。略談當時係邀胡出面領導，聯絡國內，顧孟餘、童冠賢諸人期待立法院支持，胡對此事頗多懷疑，認為與彼多年來無黨派之立場不合。又事前蔣與宋子文洽商，宋表示願盡力支助，並願負責與國民黨取得協調。自此事發表後，外人方面鑒于胡之聲望，亦有表示贊助者，如最近紐約時報社論，官方則自無表示，在美華人中尚無公

開聲明加入者。」

合眾電（12.4）：「匪將大陸劃分五區，每區由一軍政委員會管轄，毛澤東說這是強有力的區域組織，分東北、華東、中南、西北、西南，每區轄 4-6 省，台灣列入華東區，此外綏遠有特別委員會。『華東』轄魯、蘇、皖、閩、浙、台。『中南』轄豫、鄂、贛、湘、兩廣。『西北』轄陝、甘、青、寧。『西南』轄川、黔、滇、康。」

偽中央人民政府會議（12.3），一九五〇年度全國估計要供給軍政公教人員九百萬人，軍費和行政費佔了全部支出概算 60%＋，用在恢復生產的經濟建設物資佔 23.9％。

致周至柔（11.25）：「據各方報告，我空軍每至匪後轟炸，均飛行太高，命中不準，或隨意丟擲炸彈，多傷無辜。此次川東方面作戰，聞亦如此，希即督飭改正為要。」

致陳辭修（12.6）：「吳國楨同志任省府秘書長事，應先徵求其本人同意為妥。」

致周至柔（11.6）：「由南鄭運西康部隊增為八千人。」（11.14）「仍運五千。」

12 月 14 日　星期三　陰

鹿苹、繼勳談中央氣象局緊縮機構問題。

羅時實著「馬克斯主義批判」列為研究院集刊之一，即付印。

師範學院劉真院長約于星期六赴該院演講，題為

「新思想、新事業」。

陳質平電：「菲克拉克空軍基地抽調美軍四萬人，陸續運到。」

華府公電：「我在聯合國控蘇案，決議交小型大會繼續檢討。事先蘇、美均反對，嗣經各小國支持，美國遂在大會改變態度，並嚴辭譴責蘇帝國主義，結果尚屬滿意。小型大會于一月間開會，我將再提各項要求，惟不承認中共一節，各國認為係主權範圍，英帝國集團必力加反對，恐難實現。又據接近印度官方者稱，尼赫魯對英迫使承認中共，尚多懷疑，建議我宜派員赴印接洽，謀致中印反共步驟一致。並認為前駐加爾加答總領事、現駐秘魯大使保君健與尼氏交誼甚篤，如對印有聯絡工作，似以保君為最適當。」

顧維鈞電：「台灣事上月初六曾託白吉爾密詢美當局，究在何種條件之下可予我援助。此次彼所示意見頗為具體，似有誠意。弟意我宜照其所建議，由我向美政府正式提出請求，並說明台灣島之保存，不僅為我繼續抗共工作實有必要，且因中共侵略，具有國際背景，萬一失守，勢必影響東南亞與西太平洋全面之安危，故請美對我申請，務以遠大之眼光，作善意之考慮。（二）關於援助具體辦法，我宜採取白吉爾條陳要點，一一列入，不必多加修改。如我認所提不敷需要，儘可于此事成功後，將來隨時與美代表洽商，轉請美政府增加。（三）我于提出請求之前，宜先由我自動調整主持台灣省政之人選，以表示我決心抗共，歡迎與美合作之誠意，而免美政府中反對助我者之懷疑與阻梗。（四）台

灣問題，近日此間各報頗多評論，大都不主派兵助我防
守，但又慮我能力薄弱，軍隊有叛變之憂，故贊成予我
以相當援助，關係美國防部當局援意，亦曾得東京馬克
瑟之同意，俾引起輿論之注意，以制國務院之反對與破
壞。如能通過閣議，並足以使承認問題在美方能長期延
擱。（五）白吉爾出身海軍，思想縝密，人亦圓到，對
于我國及東亞局勢與人物，具有相當認識。美國務院現
為對我政策問題，屢與國防部意見相左，在閣議中時起
辯論衝突。因任白為顧問藉資與國防部居間調解聯絡，
並以對輿論表示國務院對華意見，並非置美國防與遠東
軍事于不顧也。」

　　致蔣夫人（12.7）：「兄定明日飛西昌坐鎮。」

12 月 15 日　星期四　雨

　　設計委員會第十六次會議，方治主席。政治改革方
案經過三讀，簽呈總裁核示。

　　中午總裁在第一賓館召集中央常務委員、非常委員
會委員聚餐，報告西南巡視經過，及台灣省政府改組意
義。晚八時行政院會議通過吳國楨為台灣省政府主席。

　　晚六時周至柔、湯恩伯在周氏公宴，請到東南長官
公署郭、林、湯、孫諸長官及設計會同人，討論時事問
題，十二時始返草山。

　　總裁電西昌賀副長官：「無論環境如何不良，西昌
決不能以和平易幟，向匪屈膝，以貽國家民族千秋萬世
之羞。此時應即先發制人，解決劉部，寧為玉碎，毋為
瓦全。本日空軍已對昆明開始猛烈轟炸，必使之徹底毀

滅，不能進兵西昌。況我胡部主力已集中成都，決計固守決戰，則料劉、鄧決不敢公然發表叛變，可知伍培英之言為恫嚇威脅之辭，切勿為其所制也。」「只要氣候無阻，空運三千兵員已決定。」

致胡主任宗南：「匪如已佔簡陽，而不直攻成都，向簡陽以西地區轉進，則不患其直攻新津，而須防其向青神、彭山突襲，應特別注意防範。弟部在綿陽以南集中部隊，應儘量向崇寧、郫縣、溫江分路對崇慶、大邑、邛崍轉進，如其全部由成都新津公路轉進，恐受對敵側面行進之苦痛。如何，希詳酌之。」

【致】顧總長：「霑益機場現能安全下落，兄務先往霑益親自部署，安定軍心。回蓉待該處兩軍集中完畢時，再親赴指揮為要。」

【致】張耀明：「校本部與人員遷台已無運輸辦法，不能實行，不如決遷西昌為妥。」

「審度全局恢復攻勢」一文分寄光華日報與新聞日報。

12月16日　星期五　雨

設計會第十七次會議，端木愷主席，討論調整中央機構案。

總裁移居糖業接待所，中午約余往談，並單獨與余用膳。介公泛談國內外情勢，余強調黨為靈魂、政為軀殼之意。

晚飯後佩秋來談。

點閱總統府第三局檔案清冊總目錄，共九冊，箱

號 121 箱，由俞局長濟時移交本組保管，余派石劍生君負責。

總裁致海口薛主席：「海南內匪未清，而我內部複雜，又不一致，更為可慮。關于海空軍兵力之配備，必可對海南作戰充足之應用，不必過慮，惟陸軍內部必須將其團結統一。至于糧餉問題，中央與台省對海南部隊只能擔負糧食，至于餉項必須在海南就地籌發。據報海南出產甚豐，僅舉鐵砂及其現有積存之噸量一項而言，如整理得法，每月可有二百萬美金之收入，則供應海南駐軍（海空軍在外）之餉款尚有裕餘。」

顧祝同電：「現匪北陷廣元，南攻樂山，其中路則向簡陽、龍泉驛突進。」

皮宗敢致鄭次長：「十五日晤白吉爾，彼謂美國防部近日討論白氏之方案，只須我澈底改革，取得民心擁護，則美方反應可日見光明。盼我將改革事實經常告知，以增加彼之發言力量。美國務院對港報揭載鈞座來美消息，已甚感覺不滿。」

12 月 17 日　星期六　晴

下午三時在台灣省立師範學院演講，題為「新思想、新事業」。

柏英傷風並患皮膚病。

訪凌純聲，談後仍回草山。

接謝冠生來函謂：「龐德【羅斯科・龐德（Roscoe Pound，1870 年 10 月 27 日— 1964 年 6 月 30 日）】教授所作演講，係關于法理學之專門問題為多。茲檢奉有關

法制者兩篇，一為近代司法問題，廿六年【卅六年】十一月出席司法會議報告；一為中國法制之進步，去冬在南京公開演講，並曾寄美國△科刊物發表，尚未譯成英文【中文】。」後者擬於張慶楨君漢譯，然後二篇全印，列為研究院叢刊之一。

顧維鈞電：「白氏甚表欣慰，謂我方如能決心改革，切實合作，美援甚有希望。」「按此事尚在討論中，此間美方內情複雜，反對者大有人在，我方似宜保持鎮靜，以免刺激反對者予以藉口，而增加助我者之困難。」

12 月 18 日　星期日　晴　緬甸承認中共

「新思想與新事業」一文在新生報與中央日報發表。

讀連橫著台灣通史竟。

午飯後偕佩秋、△△、振楚同遊草山公園。

晚七時半總裁官邸用膳，到辦公室各組長及辭修、蘭友等，由各組長分別報告，總裁指示續與台省人士多多連繫。

12 月 19 日　星期一　晴　國軍光復昆明
##　　　　　　　　　　　　　　成都大捷

十時研究院紀念週，總裁主席。

十一時接開院務會議，武樵主席，商討第三期研究員人選。

十二時半，吳國楨主席在其新生路寓邸宴請設計會

同人。但為新發表廳長人選，省參議會發生抗議，正在
疏解中。

　　四時陪柏英至台大醫院診病。

　　五時半回草山參加黨務小組會議。

　　總裁電胡主任宗南：「川西各方戰況雖不利，但匪
軍力量不大，而且其力分散，如我軍能集中其比較優勢
之兵力，選擇一個有利陣地與之決戰，我必可轉敗為
勝，希沉著力圖之。」「爾後應以昆明為後方，昆明機
場與金殿據點，我軍已于拂曉佔領，盧漢已逃滇西。」

　　顧祝同：「李彌稱此次返部，確係盧逆迫其投降，
所部、其妻子為質。現李已決定犧牲妻子，並求飛台請
示無他。」李彌滇西人，久欲進駐滇西，其志不在昆
明，懇從其請。

　　胡宗南：「成都平原決戰企圖無法實現。」「主力
經邛崍以西山地繞道雅安，各留一部于通南巴及松理茂
地區分建根據地，待機反攻。」

12 月 20 日　星期二　晴

　　十二時半，總裁在第二賓館宴請研究員講座及設計
委員，飯後並約佛泉、石泉、慶楨三位談話。

　　與宏濤于電話中商談整理檔案事。講習錄第二冊
付印。

　　中央日報事件，少谷、希聖擬辦原文：「議會政治
與言論自由為民主憲政兩大支撐，允宜相輔相成，不應
相煎相迫。所有該報不當之處，已令中宣部責成該報將
編輯言論部門切實整飭，並將主筆王新命停職。」

陳納德（11.20）在東京與麥克阿瑟將軍及夫人午餐時，曾面託轉呈鈞座消息如左：「請向蔣總裁轉致余之同情心，並希繼續奮鬥到底。蓋戰爭於絕境時方得勝利，且不可因目前之困難而感失望也。」

【致】胡主任：「昨截獲重慶致北平匪電，務求迅速增加大軍，足見匪軍已力竭求援，希督照，望從容應戰，積極掃盪為要。」

李欽若君有事託余向台糖公司沈總經理鎮南接洽，已有眉目。

12月21日　星期三　晴

九時在第二賓館舉行設計委員會黨務組談話會，決定于最短期內召開五中全會。

吳國楨今日就台灣省主席職務。

總裁致成都胡主任：「綿陽新到之匪，不知其兵力大小如何，預料長途急進之匪，其力必疲也。惟無論如何，我軍應集中現有兵力，先將新津、成都附近之匪先予以擊滅，不可待綿陽之匪逼近成都，雙方受敵夾攻也。如新津、成都之匪果能先行擊滅時，我軍尚有餘力，則再回擊北來之匪，否則即順岷江東岸急進，繞攻樂山、宜賓或瀘州，是亦不失為中策也。以樂山以南地區，現在必無大匪也，惟成都必須留少數兵力固守，以牽制匪軍，非萬不得已切勿撤空為要。何如，請即研究速決。」

12 月 22 日　星期四　晴

九時半設計委員會第十七次會，由許孝炎報告香港近情，主席端木愷報告中央各部會緊縮後之員額。

下午三時在凱歌歸中央黨部新址舉行中央委員談話會。

訪台灣銀行經理，談鏡兒外匯事。

訪方杰人，談本星期六演講事。

12 月 23 日　星期五　晴

下午四時許經國來訪。

浙大同學李軼千君來訪。

俞國華電：「美當局及輿論，對台灣最近興革，反應頗佳，對鈞座臨危不苟之精神尤為敬佩。一般言之，對我態度較前為善。」「爭取美援一節，最好愈少傳播愈好。」「李氏在美對往見國人表示，過去失敗應歸咎于鈞座左右不助白氏作戰，並謂將向美方要求援助，保衛海南。」「美記者現仍多偏見，關于三七五減租及金門舟山戰役迄無有力之報導。」「翟石過去與拉鐵摩爾關係頗密，對華事似成見已深，乞注意。」「杜魯門曾加壓力，欲國防部長詹森辭職。詹氏對華向為友好，且為唯一友華之重要部長。」

顧維鈞電：「美當局對我民心傾向，頗為注意，如有關于大陸民眾不滿共產施政等材料，甚願得資參考，請酌搜寄。顯光兄來美，已託由皮君密告白氏，彼答覆當盡力協助云，其反應尚佳。」

皮宗敢電鄭介民：「顧大使昨親訪白吉爾，彼表示

決竭力推動，但謂：

（一）美方贊成本案者固多，但反對者亦不在少數，理
由為以前美曾援華十餘億元，毫無收穫，此次以
數千萬之微，如何保証可收效果，故推動重點在
台。若台灣軍政革新，澈底切實，新人有權，推
動新政，則反對方面之借口始可打消。

（二）若美決定援華，則必堅持監督使用，不願各方
加以干涉，中國是否認為有損國格。

（三）彼盼我方供給共黨暴行有力資料，收集具體
事實。

（四）今晚職又謁白氏，彼謂今日進行良好，推動較
昨進步。」

12月24日　星期六　雨　總裁赴日月潭

下午七時在中山堂應台灣文化協會演講，題為「台
灣文化之骨幹」。

「新思想、新事業」一文寄光華日報與新聞日報。

【致顧祝同】：「明、滇皆已淪亡，惟西昌尚得保
全，不久亦必被陷。對該地方針及將來元靖（賀國光）
安全問題，望切實研究決定，予以指示為要。聞宗南已
到榆林，事前中並無所聞，萬不可將宗南行蹤宣洩，切
屬其行動嚴守秘密勿誤。」

致海口顧總長電：「希即將 26A 集中蒙自，準備
空運。」

黃少谷致徐柏園電：「茲獲權威情報，英國可能于
一月二日承認偽政權。」

12 月 25 日　星期日　微雨

上午訪端木愷、周至柔（為柏英請醫生打針）、吳
國楨（未遇），十一時回草山。

鄭大使電：「錫今晨晤貝文。錫問新年前英政府將
承認中共政權，是否屬實。貝文答稱日期尚未確定，但
為期當不在遠。錫問是否在新年以前。貝氏謂對于此點
尚不能置答，但英國對于控制大部分領土之政權，必須
承認，自為明顯。此事雖經各方催促，亦已稽延數周之
久，無非因中英友誼之故。錫問，即使英國承認中共，
理應不致不承認我政府。貝謂此點當必考慮，將就我現
控制之領土，以研究承認之程度。最後錫謂，歷史或有
重演之日，英國將來尚有賴吾人之處。貝氏稱是。末謂
一、二日內繼續再談。」又「錫今晨訪艾登。艾謂英國
承認問題，彼素主緩。錫謂即使英國不得已而承認中
共，理應不致不承認我政府，並說以利害。伊甚動容，
謂此點彼尚未想到，當即轉告邱吉爾。」

顧大使電：「密息。三日前（12/18）國務院對國
防部及海陸空三當局提出美對台灣政策，仍主繼續觀望
態度，以待變化。經該當局等分別反對，國務院遂將提
案撤回，允于二周內再集議研究。」

白崇禧：「（1）匪軍已佔整個雷州半島；（2）諜
報匪軍主力陸續向高雷集中四個軍，自電白至北海沿海
一帶，集中機帆及民航船，為數在三千以上；（3）瓊
州北部正面約二百公里，東西兩側及北正面隨處可以登
陸，雷、瓊二水相隔最近者約十三海浬，遠者約 20-30
海里不等，機帆、民帆順風約 2-3 小時，輪船約 1.5-2

小時可到，且現值冬季季風，瓊州海峽每日上午多霧，天時與我不利；（4）海陸兩軍兵力太薄，且原有內匪，槍約八千，人約二萬人；（5）為確保海南計，請增派海軍阻敵渡海，徐圖加強陸軍。」

12月26日　星期一　微雨　成都失守

上午研究院紀念週，未參加。

十一時舉行第七次院務會議，陳誠主席，商第三期研究員召集事宜。

孫元良電：「少數主官在現局之下，貪生怕死，意志動搖。而多數官兵則厭戰圖苟安，故……諸奸以掮客身份得售其技。」

陳質平電：「美大使謂美不擬承認中共，英國集團雖將採相反態度，但南美各國及南韓、義大利均將與美一致。菲總統表示我方在大陸上無論如何必需保持若干據點，繼續作戰。」「此後華人來菲簽證，將嚴加審查，意在防止共匪滲入。惟對于中國資金投資生產事業甚表歡迎。」

羅家倫電：「梅農告張君勱，謂承認方式係屆時發一新聞，同時聲明以中共承認現行條約為條件。張謂中印間無商約，君指何約。梅答1914年新姆拉條約，印係英帝國繼承者。張云，周恩來豈能第一炮即承認此不平等條約，恐屆時進退兩難，不如緩承認，先弄清好。梅愕然，云事前未想到，吾即報告尼赫魯。」

四時半小組會議，討論黨的領導問題。

12 月 27 日　星期二　陰　印尼聯邦開國

午後進城，為柏英咳嗽往詢空軍總部診療所洪爾丞先生。

訪省府浦薛鳳秘書長，請准為研究院購外匯五百美元。

麥斯武德、伊敏、色議提、哈德萬、艾沙不甘附逆，來歸巴基斯坦。

胡代長官漾已飛海口，商軍事配合方案，昨又飛返。

「閻兼部長告知美仍援華援蔣，先裝備二十個師，並保持飛機四百架、軍艦十七艘，美軍事顧問團可先來華，國際局勢確好轉。」

【致】孫司令官元良：「吾弟在此惡劣環境之中，奮鬥不懈，實不愧為疾風勁草，私心惟此自慰。此時只可率所部向川黔滇康邊區地轉進，以西昌為目標，俾得隨時空中聯絡也。」

致陶希聖：「前囑嚴令中央社不得再報各地高級將官之行動，今日中央社又報胡宗南飛抵海南之消息，殊堪痛憤。該中央社無異為匪軍作報導，無異通匪。而該社總編輯實應負其重責，應即嚴加處治不貸。」

致陳舜畊：「馬超俊、李文範二同志各送新台幣伍仟元。」

徐柏園來電：「英承認問題似不致同時全部決定，香港現狀可能保持至緬印澳之後，惟各項準備，自不宜鬆懈耳。……張、邵來港事，經多方查詢，均無根據。」

12月28日　星期三　晴

　　研究院第二期研究員對于黨務改進方案之意見，經整理後要旨如下：

「對改造案可能遭遇之困難，及本質上如何克服，未加研討，對改造幹部人選之選拔辦法，未加說明。

改造案內容仍有修正必要。因有『妥協』、『形式化』之因素，如文字八股化，力求對偶，今後本黨文件應改用語體文為宜。又內容欠嚴密、欠緊湊，缺乏戰鬥性、實踐性及生產性。忽略黨員之權利義務、組織訓練，對破壞黨紀分子，少積極性之制裁。應注重本黨對民眾利益之標榜，及以戰勝共黨為目的而擬定本方案。」

「對于黨的領導，如僅偏重領袖採行幹部的決議，不對領袖及中央幹部如何領導及控制全體黨員，使其一元化，似稍忽略。」

「本黨對內民主，對外在共匪消滅前，主張黨的獨裁，俟共匪消滅，再實行多黨政治、全民政治。」

　　中國思潮一書由光華日報退還。前存該報二、三、四，三月稿費叨銀 452 元，伸作港幣 850 元，僑通行香港匯票一紙。

　　三民主義之四大特性：創造性、一貫性、普遍性、實踐性。

　　本黨今後改造之四個要點：黨政軍連繫、民主集中制、攻心的奮鬥、科學的策劃。

　　方杰人函：「廿四晚獲聆宏論，至佩，此種嶄新之研究法，實為台灣史學者闢一新途徑，當日與會諸友人無不欽佩。」

七時應吳國楨主席之邀在其公館晚宴，同席張岳軍、傅斯年、葉公超、杭立武、劉健群、鄭彥棻、俞鴻鈞、王世杰。

12 月 29 日　星期四　晴

姚懿明偕許道慧來訪，商赴南洋任教事。

中央銀行董監莫德惠、吳達銓、杜月笙、陳其采、張公權、錢新之、王曉籟、陳方、劉攻芸。

張汶鹽務總局視察，渠歷任軍職，韓國總理李範奭在華期間為其參謀及隊附，相處十餘年，莫逆至交。渠於上月前應李邀約至韓晤敘，帶回函件。「年四十九，江蘇鹽城人，法國聖西爾陸軍軍官學校畢業。韓國防部次長崔用德（即崔滄石），金弘一韓士官學校校長（即王一恕）。」

【致】西貢尹總領事轉黃司令杰：「（1）已飭外交部葉部長速向法方交涉；（2）已請行政院催令財政部速匯越幣約值美金二萬元之數。」

【致】羅大使：「接濟新疆來員用款，上週已匯叁萬美金，如不足，當可續匯。」

洪偉達（獨立第 58 師師長）：「東山為台對閩、粵、贛惟一進出口，已訓練幹部預置各鄉村工作，南澳可與東山共存。」

南非約翰尼斯堡總領館：「目前南非似無隨英國承認中共政權之象跡。又台灣南非間彼此無船舶往來。」

紐約董霖（12.25 發）：「霖在華府視察我駐美大使館、駐美技術代表團，及遠東委員會期間，因美國務

院及經濟合作總署主管中國事務人士多係舊識，便作私
人友誼訪晤，均承坦率告以美國對華態度，謹將一得印
象扼要報告：

（一）美國務院對于承認中共問題，最近決不考慮，
並已對英國迭次勸導，採取同一步驟，但因利
害不同，亦難使用壓力強加約束，且英國即將
承認中共政權。

（二）美國務院對中國現局仍採觀望政策，此次Jessup
視察遠東，故意乘輪遲遲其行，可見一般。惟
認為台灣人力、物力豐富，應可防守。前者由
駐台總領事轉送之備忘錄，旨在促我自力更
生，並無大量援助之跡象。

（三）美方對我起用新人，期望甚殷，但認為新人能
否發展抱負，仍視其有無權力以為斷。倘我矢
意改革，美願予以適當援助。至如何革新一
節，美方不擬有所建議，避免負直接責任。

（四）美方經濟合作總署對我經援餘款之繼續使用，
願作同情考慮，但是否可全部用之台灣，事關
政策，尚待國務院決定。該款使用有效期間將
於明年二月中屆滿，據近情觀察，國務院可能
提請國會再行展期，惟仍視我國內如何發表而
決定。

（五）本年國會通過之七千五百萬元專款，仍在有關
各部門研擬方案中，但據彼囑勿露姓名，於廿
一日謁杜魯門總統後訪霖面告，杜總統對于此
款不擬久待，因明年國會開會在即，而該款通

過行將四月，若再延擱，恐遭國會責難，可能
于最近成立三人小組負責推進。

（六）美國務院對我近年側重聯絡國會議員坦率表示不
滿，今後我在美活動，似應對于國務院遠東局方
面多加注意。就人事言，對華政策之決定，助理
次長 Butterworth 及助理 M（Merchant）操有大
權。蓋國務院注重歐洲局勢，關于中國問題，
除重要事件仍商馬歇爾外，餘均採取遠東局之
意見，次長 Webb 出身預算局，與杜總統頗有
關係，但對于遠東政策並無定見。無任所大使
Jessup 為國務卿所信任，惟彼之對華態度實受
遠東局及太平洋學會人士之影響，且將于明春
辭職任教。從而 B、M 實為國務院決定對華政
策之主角。以上人事作用，或可作今後運用參
考。再霖因奉電令，不作任何單獨接洽，故此
行僅聽取各方意見而已。」

又董霖電（12.27）：「年來旅美知識分子及當地
華僑所組織之民主自由聯盟，乃為海外惟一有計劃、有
組織之反共救國運動，國民、青年、民社三黨重要黨員
及美國民主、共和兩黨美籍華僑均有參加，各方頗為重
視。霖與曾琦、程天放、賴璉諸位商談，一致認為此項
工作極重要，該盟所擬舉辦各事計劃，亦甚可與政府對
外宣傳及爭取美援之努力配合進行。惟該盟因經費困
難，發展不易，擬請政府酌予補助，以利工作。如何，
敬請核奪示遵。」

【致】台北長官公署林副長官：「頃接辭修長官豔

電，稱于年底前明令擬撤銷本署等語，令人莫名其妙。
當此患難重重之際，全在忠貞幹部忍耐堅持，以期挽救
國運，有濟大局，何能任性使氣，徒增憂患，望代為慰
勉，勿再言辭。中意台北賓館應為招待上賓之用，行政
院既允遷移于長官公署原址，則應速辦。惟此時國防部
可與長官公署合地辦公，則長官公署亦不必遷往他處，
不過辦公處所略于縮小，中意如此而已。中正手啟豔
19.00 於潭印。」（29 日 20 時 46 分到）

12 月 30 日　星期五　晴

晚七時為研究院講「軍事地理學」，歷二小時半。

12 月 31 日　星期六　晴

應總裁邀赴日月潭，晨八時半偕張岳軍、洪蘭友二
位搭車赴台中，十二時半到達。陳市長宗熙在鐵路飯店
招待午餐，飯後乘汽車上日月潭，經霧峰、集集等地。
車行歷三小時，下榻龍湖潭旅店，總裁寓涵碧樓，八時
同進晚餐，觀電影「月裡嫦娥」。

民國 39 年（1950 年）

1月1日　星期日　晨晴，午後雨

「審度全局恢復攻勢」一文在中央日報、新生報及兩週文摘發表。

行年五十。晨九時赴總裁家拜年，同進早餐，到岳軍、禮卿、雪艇、立夫、蘭友、彥棻、少谷、希聖、正綱、經國等。旋乘汽車三輛赴霧社，途經埔里等地，歷三小時而達。在霧社見櫻花盛放，紅色鮮豔。在職校學校用簡單午膳。又赴春陽社訪問高山族（距霧社車行十分鐘），歸途遇雨。夜飯時，余暢談台灣及中國與世界之地位。

1月2日　星期一　豪雨

竟日在涵碧樓討論黨務改造方案，擬就甲、乙二案，甲案主張更改黨的名稱。參加討論者為正綱、希聖、彥棻、蘭友、經國、少谷及余，立夫主席。晚餐後由立夫向總裁報告。

1月3日　星期二　上午雨，下午晴

上午九時再在涵碧樓集會討論，十一時偕立夫、希聖、正綱、彥棻放舟日月潭。午飯後向總裁告辭，乘汽車下山。五時許抵彰化，上火車。十時二十分返台北，搭彥棻之車回家。

1月4日　星期三　晴

上午偕彥棻訪居覺生、鄒海濱、李文範、馬超俊、賀衷寒、皮作瓊、田崑山，諸位均同寓浦城街。午飯後訪陳辭修，未晤，即上草山。夜間周宏濤來長談，偽政務院對推銷公債的指示，總額一萬萬分，華東 4,500、中南 3,000、華北 1,500、西南 700、西北 300，必須供給九百萬的軍隊和行政人員。人民勝利折實公債。

王省吾君送來江蘇、福建、台灣二萬五千分、五萬分、十萬分一、廿萬分一地形圖目錄一冊，軍歌集一冊。

日本富士山下一百歲老人，子 74、孫 43、曾孫 26、玄孫 1。1949 年百歲老人 48 位，1935 年則有228 人。

1月5日　星期四　雨

九時參加研究院檢討會，總裁主席。研究員集體提出問題及建議，分三大類，黨、政、軍事及一般建議，由陳誠、桂永清、周至柔、孫立人、吳國楨分別解答。中午聚餐，下午二時半繼續開會，三時半行結業禮。

寫復信謝幼偉（巴城）、陶元珍、孫立人。

1月6日　星期五　晴

英國承認中共。

1月7日　星期六　晴

七時浙大校友會台灣分會假台灣銀行俱樂部開會，

到二百十餘人，教授到者有湯元吉等。余發表演說，說明求真、求是、求新三點。晚會情緒甚為熱烈。

在家留宿，晤談純聲兄。

1月8日　星期日　晴

在第二賓館開始討論改革黨務方案，到設計委員會黨務組、中央黨部各部會負責同志，及與黨務有關諸同志。

七時半為第三期研究員講述「研究、實踐與革命」。

顧敦鍒自美來電，蔡體雍君請求升學哥倫比亞大學，已經核准。

1月9日　星期一　晴

上午八時至十時在研究院講黨史，下午一時至三時講黨的理論。

十時舉行研究院第三期開學典禮，總裁致詞，會後舉行院務會議。

三時後參與黨務改革會議。

為李軼千（28，鹽城，農經三）、管國維（25，鹽城，法三）向任財廳長介紹工作。

1月10日　星期二　晴

上午九時至十二時在研究院聽劉杰演講「兵農合一」。

十二時至下午一時參加黨務會議。

檳城光華日報寄贈該報一份，自卅八年十二月十

五日起。

1月11日　星期三　晴

起草「初訪日月潭」一文。

晚七時半至凱歌歸中央黨部參加黨務會議，十一時散會。

四時半舉行小組會議。

1月12日　星期四　晴

洪蘭友君在其家宴，請到周至柔、郭寄嶠、雷震、張道藩、胡健中、余井塘、陶希聖、黃少谷及余，研討胡健中所擬呈總裁之共同意見書。餐後至凱歌歸開會，十一時散。

1月13日　星期五　晴

上午九時赴凱歌歸參加黨務會議。

蔣夫人自美歸國。

1月14日　星期六　晴

鄭子政君偕李鹿苹、薛繼壎來訪，在眾樂園午餐，費 34 元。

七時參加台灣浙大校友會理事會，席設衡陽路國貨公司五樓，到理事湯元吉、褚應瑞、余城、謝文治及余五人，推舉劉奎斗君為總幹事。

訪陳立夫于浦城街丙利六號，長談二小時，于近年國共交涉經過情形，敘述甚詳。

1月15日　星期日　晴

美國瞿守伯大使來中國。

九時訪戴伸甫君於其寓，囑對其物理研究經費時效勞。

童靜梓女士偕其父童錦秀來訪，囑寫蔣緯國介紹信。

初訪日月潭一文脫稿。

1月16日　星期一　晴

研究院紀念週總裁主席，接開院務會議，決定第四期研究員仍為高級將領名額六十人，通過聘請蕭自誠為講座。

下午九時黨務會議。

四時辦公室黨務小組，余主席，討論選拔幹部問題。

1月17日　星期二　晴

下午九時黨務會議。

讀熊十力著「十力語要初續」。

1月18日　星期三　雨

三時考試院談話會。

八時黨務會議在介壽館二樓舉行。

1月19日　星期四　晴

九時中央常務會議。

下午為鄭秘書長事，與張知本、劉文島參加中央黨部聯誼會代表談話會。

1月20日　星期五　晴

初訪日月潭一文在中央、新生兩報發表。

顧敦鍒為蔡體雍君入學事寄書，由余轉交。

陳訓悆君為在日本大阪創刊「中國書刊文摘」呈文總裁。

「中國思潮」一書郵寄正中劉季洪君。

1月21日　星期六　晴

下午三時續開黨務會議，討論任卓宣起草之「思想路線」與羅時實起草之「生活改造活動」，九時散會。

1月22日　星期日

整理紐約時報。

浙江省政府政務處長談益民君來電，索研究院各項文件。

1月23日　星期一　雨

下午三時設計委員會，討論中央機構整肅問題。

1月24日　星期二　晴

十時赴司法行政部，與張知本、劉文島、張厲生、袁守謙諸先生商談處理中央黨部聯誼會請願事。

中午鹿苹弟請在錦江川菜館用膳，氣象局中大舊雨

作陪，浙大畢業生李桂珍女士亦與焉。飯後至福州路與
傅校長孟真談，渠擬聘鄭子政兄為教授。

1 月 25 日　星期三　晴

下午一時半為研究院講軍事地理學，歷二小時。課
後赴中央黨部參加本黨作家座談會，李宗黃、任卓宣、
張道藩主席，到五十餘人。

夜飯後訪林木僑與張厲生，均住青田街。

1 月 26 日　星期四　晴

十時赴中央黨部參加常會，總裁主席，各常委發言
者甚多，總裁作結論，鄭重申言死守台灣之決心。

晚七時再赴黨部參加黨務會議，將第一組所準備之
思想路線、政治主張二文件重付審議。

1 月 27 日　星期五　晴

八時總裁在官邸讌請設計委員俞鴻鈞、端木愷及辦
公室各組長，夫人亦同席。總裁囑咐本室業務會報應每
週舉行一次。

1 月 28 日　星期六　晴

八時在中央黨部繼續舉行黨務會議，討論政治改
革方案，並推定綜合小組五人加以整理，陶希聖為召
集人。

起草台灣文化之骨幹一文。

1月29日　星期日　晴

錢賓四兄來函，為亞洲文化學院圖書事，請予協助。

1月30日　星期一　晴

總裁五時召見，談編纂黨史事。

本日紀念週，未參加。

1月31日　星期二

上午辦公室各組舉行業務會報。

2月1日　星期三　雨

下午七時，裝甲兵團司令部徐庭瑤、蔣偉國宴請幹部訓練班講師，共二席。

2月2日　星期四　雨

「台灣文化之骨幹」一文脫稿，共費四日。

中央常會開會，總裁主席。于對思想問題、改造旬刊問題、憲法與軍隊政治工作問題三次發言。

2月3日　星期五　雨

總裁約柏英、鏡湖至官邸午餐，同座者有陳立夫、程天放、羅家倫。

下午三時參自由中國座談會。

2月4日　星期六　雨

午刻研究員在陽明山莊午餐，餐後總裁致辭，陳誠、王世杰、萬耀煌均到。

下午七時在圓山青年服務團演講台灣文化，歷二小時。

四時觀郎靜山影展。

2月5日　星期日　雨

九時第四期研究員畢業典禮。

六時約方杰人在衡陽路三六九吃麵食。

訪鄭子政轉送編輯聘書。訪李祁、勞榦、董作賓。

2月6日　星期一　晴

總裁贈送美金、台幣，資助鏡兒放洋。

陳訓悆來訪，談在東京辦文摘事。

2月7日　星期二　晴

下午三時研究院編輯組舉行檢討會，余任主席。

七時中大舊雨在勵志社聚餐，由蔣建白、陳桂清、郭驥、徐柏園、孫洵侯、何維凝、李國鼎、何福源、童瞳、劉承章、吉彭述、汪新民、薛世平、謝應寬十四人作東。余致詞，略述劉伯明先生之遺教。

丁驌教授自香港寄來「新疆考察記」一書。

2月8日　星期三　雨

訪任卓宣，對其辭中宣部副局長事，告以總裁慰留之意。

下午三時在裝甲兵司令部幹部訓練班演講「戰略與地略」。

晚七時在家請林本、戴運軌夫婦晚餐。中大同學池澐、展恆舉來訪。

2月9日　星期四　雨

下午三時考試院院務會議，到張默君、張忠道、陳逸松、盧毓駿諸委員。

晚八時曹聖芬來訪，面交總裁手令。

2月10日　星期五　晴

上午九時研究院講座會，對第三期功課加以檢討。

十一時辦公室業務會議，予主席，對台籍各界人士及內地來台民意代表聯繫事予以留意。

一時區分部會議，張師主席，討論總裁文告事先準備及事後宣傳推動事宜。

下午九時黨務綜合小組，到谷、陶、黃、鄭、賀諸君。

任卓宣來函：「多次開會，敬聆宏論甚多，備悉我兄不但敢言，而且有主張、有見解，又能堅持，甚為欽佩。由此種宏論中，知我兄意見與弟接近，又同為教育文化中人，故特寫此信。」（二月三日函）

2月11日　星期六　晴

下午三時，第二賓館舉行設計會第二十一次會議。

七時龔聖治君在家中宴請吾家四人，俞佐庭、周營喬等同席。餐後訪嚴家淦君。

穆超君來訪未遇，贈新動力第二期一冊。

2月12日　星期日　晴

國防部技術研究室何聖綏君來訪。

王省吾偕羅茂彬來訪，羅由研究院聘為英文編審。

下午三時赴裝甲兵司令部講演黨史。

訪陳正祥、陳逸松未遇。

訪張忠道（性齋）談中日外交，渠曾在日本六年。

五時赴台大醫院精神病院，訪陶元珍君之病。

2月13日　星期一　晴

台灣省府送來省政紀要四冊，一為開墾荒地。

宗孝忱來訪，並領總裁贈款千元。

三時中宣部舉行思想運動座談會，程天放主席，發言者陳立夫、杭立武、羅剛、葉秀峯、張道藩、任卓宣等，七時用餐。

與羅剛同至泰順街羅寓借書四冊（朱執信文存；三民主義之認識，胡漢民著；三民主義之哲學基礎，戴季陶著；生之原理，陳立夫著），又贈其自著之「三民主義的體系與原理」。

2月14日　星期二　雨

中午十二時董顯光先生來訪，攜其所著英文蔣總裁傳，請于校閱。

下午二時宏濤、聖芬來商討總裁文告事先準備問題，由予主稿呈閱。

下午六時總裁召見，商復位後新作風問題，與會者張羣、陳立夫、王世杰、谷正綱、陶希聖、鄭彥棻、洪蘭友、黃少谷等，八時用餐。

寄「台灣文化發展史」一文于光華日報。「台灣史綱」一書出版。

2月15日　星期三　雨

擬新方案要點草案，呈報總裁。

下午三時在洪蘭友家中會談，到張羣、王世杰、陳立夫、谷正綱、陶希聖、黃少谷、鄭彥棻、袁守謙等

外，講題為總裁復職後大方針，如立法院及緊縮機構等事，在洪家晚餐。

七時半黨務會談，未參加。

閱董顯光著總裁傳記英文本，共三十章。

2月16日　星期四　雨　除夕

上午九時在重慶南路中央銀行宿舍繼續會談，張羣主席，到王、谷、黃、洪、陶、鄭諸君，一時散會。

七時在家吃年飯，並邀蔡同瑜、李欽若二君共餐。盧君送來龍蝦四隻。

2月17日　星期五　雨　農曆元旦　史毛協定發表

九時至後草山，到各組長向總裁拜年。

十一時吃中飯，飯後搭車遊北投、淡水，並至士林參觀新建總裁官邸。

赴居正、李文範、鄒魯三委員拜年。訪俞佐庭、俞飛鵬、夏功權老太太及許聞淵寓賀年。純聲來長談，並邀其晚餐。

2月18日　星期六　雨

晨田炯錦來訪。赴于院長寓拜年。下午三時遊碧潭。四時遊板橋林家花園。

七時赴中央氣象局年宴，晤鄭子政、朱國華二君。

九時赴中央黨部，參加綜合小組會議。

擬定改組後之新黨黨名為「中華民主勞動黨」。

2月19日　星期日　晴

上午訪沙學浚。中午赴北投公園花園食堂應勵年之
邀，同席者有雷寶華、徐世大諸君。

下午五時總裁召見，出示李代總統覆電，徵詢余之
意見。

2月20日　星期一　雨

讀完董顯光著蔣總裁傳。葉實之、張洒藩來談。

朱其清謂中國語法於凝鍊莊麗之中，摻和了樸素活
潑的氣息。

2月21日　星期二　上午放晴，下午又雨

讀張道藩交來「偉大的中華」稿本，全書共十二
章，分由專家執筆。惟原稿成于抗戰末期，如欲出版，
需要修正。

2月22日　星期三　雨

致董顯光、張道藩書。考試院會議未參加。

三時業務會報，討論公文處理問題，唐縱主席，由
周副組長宏濤報告總裁指示，大意為節省精神，批閱公
文擬用口授之法。

2月23日　星期四　晴

訪陳紀瀅于金門街，談大公報往事。

傅孟真來函，囑為台大政治系教三民主義，卻之。

十二時綜核小組聚餐，五中全會各項準備文件業已

整理完畢。下午八時接開全組會議。

下午三時中常會，鄒魯主席，對總裁復職事有所決議。

2 月 24 日　星期五

台籍立法委員郭天乙君來訪。

與周宏濤、葉實之、張迺藩商本室公文改進手續。

2 月 25 日　星期六　爽朗

上午九時半第二賓館談話會，商準備總統復職事，推余起草總統對立監委致辭。

中午十二時半，總裁在後草山官邸宴請台大教授，到傅校長、沈剛伯、方東美、李濟之、毛子水、姚從吾、杭立武、陳雪屏等。

寧波旅台同鄉會請吃午飯，未赴約。夕未歸家。

2 月 26 日　星期日　晴

上午九時第二賓館繼續談話，全文脫稿。夕返家。

羅剛來談改造旬刊事。訪陳立夫長談。

2 月 27 日　星期一　雨

十一時總裁召見，商視事文告。整理紐約時報。程石泉來訪。

2 月 28 日　星期二　雨

十時總裁召見張羣、閻錫山、吳鐵城、吳禮卿、陳

立夫、谷正綱、洪蘭友、鄭彥棻、黃少谷、陶希聖及
余，決定明日復位。下午二時舉行中常會，宣布此事。

　　七時總裁約晚餐，同席者少谷、希聖。

　　吳稚暉先生八十六歲誕辰，余往投刺。訪吳禮卿、
胡健中、張強。

　　中宣部為改造旬刊及錦江會餐商談，因時間衝突未
參加。

　　得謝幼偉兄自雅加達來函。

3月1日　星期三　晴

　　十時總裁在介壽館禮堂復職，余以考試委員資格參加。

　　中午官邸會餐，到張羣、陳誠、王世杰、陳立夫、葉公超、洪蘭友、吳國楨、鄭彥棻、黃少谷、陶希聖、沈昌煥及余。三時再召見，談宣傳部事。行政院長內定陳誠。

　　總裁在國大、立監委、台省參議員及各黨派領袖招待會演說辭稿再度修正。

　　「台灣文化發展史」在光華日報以特稿刊出，載一、二、三，三天。

3月2日　星期四　晴

　　下午四時總裁招待國大代表、立委、監委、各黨派領袖及台省參議員，演說辭採用余所擬稿而經修改者。

　　張岳軍來訪，談總統府秘書長事。訪余井塘、洪蘭友、黃少谷，談行政院長事。

3月3日　星期五　晴

　　台北市今日遊行慶祝總裁復行視事。

　　與羅佩秋同遊山子后林場。梅嶙高、劉彝（文博，應山）來訪。

3月4日　星期六　晴

　　赴台大醫院診病，斷係輕微腸炎。

　　四時中常會談話會，總裁提陳誠任行政院長。

3月5日　星期日　晴

上午八時為第四期研究員講「講習要旨」，就總統二日文告加以發揮。

訪唐乃建、邵毓麟。訪柳克述、盧毓駿、朱騮先。

3月6日　星期一　晴

上午八時講黨史，二時講黨的理論。

四時參加總裁招待主委談話會。

六時半臨時中常會，通過陳誠為行政院長。訪張慶楨。

3月7日　星期二　晴

十時研究院補行開學典禮，十一時半舉行院務會議。

三時張佛泉來訪。訪方青儒。

七時陳誠、陳立夫二位在台北賓館宴請本黨同志三十餘人，十二時返草山。

3月8日　星期三　微雨

丘念台來訪，囑以在台考察報告轉呈總裁。訪連震東，未遇。

三時出席考試院會議，討論本院施政方針。

下午立法院開會，通過陳誠組閣。

3月9日　星期四　晴

九時中央常務會議討論出國護照等事。訪凌純聲。

三時出席三民主義學術研究會發起人會，在南陽街

台灣省黨部舉行，任卓宣主席，余被推為籌備人之一。

總裁赴高雄出席海軍大會。

3 月 10 日　星期五　雨

讀謝幼偉現代哲學名著述評。張金鑑、楊一峯二君來訪。

3 月 11 日　星期六　晴

下午四時龔均平君結婚，余任主婚人。五時程光裕君結婚，柏英任主婚人。

七時邵毓麟、黃朝琴招待晚餐，放映鎮海會談攝影。

訪張貴永、俞濟時。

下午三時中常會臨時會通過內閣名單，余未出席。

3 月 12 日　星期日　晴

訪陳誠，祝新閣成功。訪新任交通部長賀衷寒，為李鹿苹君介紹。訪谷正綱。訪蔣緯國，為童錦秀君房屋事。

起草「台灣中國世界」一文。考慮新生活畫報發刊事。

吳士選、胡建人在九龍創設「九龍實用專科學校」，借一日校校舍開課夜班。胡任校長，已聘及擬聘教授有任東伯、顧一樵、翟毅夫、蔣慰堂。

3月13日　星期一　寒冷

十時研究院紀念週，總統致辭，說明一年整訓、二年反攻、三年成功主旨。

池瀜來訪。

3月14日　星期二　晴

「台灣中國世界」一文脫稿。

谷正綱來訪，談黨部事。

四時半辦公室舉行業務會報，定十六日起開始結束。

夜飯後偕佩秋散步，作長談。

3月15日　星期三　晴

三時考試院會議，討論本院方針銓敘部分。

訪程天放、余井塘。訪張厲生（未遇）。訪王鎮遠、傅斯年。與傅談俞大維長國防部事。

3月16日　星期四　晴

下午三時在中央黨部參加三民主義學術研究會第二次籌備會，任卓宣主席，到范錡、尹讓轍、羅剛、許君武，通過會章。

許卓修來訪。與君章談本室工作人員轉業事。羅佩秋交來畫報計劃書。傅斯年致俞大維促駕電，由余代發。

3月17日　星期五　草山櫻花盛開

寄「台灣中國世界」一文于光華日報及香港時報，

又作講習錄之一付印。

3 月 18 日　星期六　晴

下午六時，游彌堅在其寓所約集台灣文化協進會諸君晚餐，到高平子、凌純聲、芮逸夫、方杰人、勞貞一、楊雲萍、陳紹馨諸君。

八時總裁在官邸宴請辦公室各組長、副組長，談結束事。餐後總裁囑準備接任宣傳部長職。訪少谷、昌煥商談。昌煥任副部長代陶希聖，任卓宣蟬聯。

湯元吉郵贈「美國之企業組織與管理」一書。

鄭森棨介紹蔣廉儒君來見（字廉予，清江人），談黨務改造事。

3 月 19 日　星期日　晴

訪程天放、任卓宣、陶希聖，商談部務。

上午十時研究院紀念週，會後舉行院務會議。

周厚復夫人江芷來訪，並回訪載之，談編譯、編纂職位事。

3 月 20 日　星期一　晴

十一時總統府舉行一般會報第一次，總統主席，到張羣、王世杰、鄭彥棻、洪蘭友、谷正綱、陶希聖、黃少谷、袁守謙、蔣經國，談總統府資政、國策顧問、戰略顧問調整及政治委員會組織條例。

一時半在研究院講「戰略與地理」，歷三小時。

起草宣傳部工作報告。

3月21日　星期二　晴

上午十一時半總統府宣傳會報，討論本黨理論問題。

起草第七屆青年節告全國青年書。

3月22日　星期三　晴

下午三時出席三民主義學術研究會籌備會。

與鄭彥棻談宣傳部事。

3月23日　星期四　晴

中常會通過余任中宣部部長，沈昌煥任副部長。

三時蕭自誠與李女士叔明在許昌街青年會結婚，余夫婦往賀。

四時希聖在其寓約集公超、昌煥、博生、同茲及余，討論對美宣傳事。

趙友培君來訪。續彭爾康、趙京士未晤。

3月24日　星期五　晴

十一時總統召見，對所擬宣傳部報告核准照辦，撥給專款十五萬元。

一時昌煥宴沈覲鼎于狀元樓，余作陪。訪張默君。

五時總統再度召見，告全國青年書須另加一段。

3月25日　星期六

總統褒揚連橫令發表，此事由余建議。

下午六時，鄭彥棻兄在寓宴請經國、少谷、雪屏、昌煥及余夫婦。

訪王雪艇、洪蘭友未晤。與吳國楨談台灣省新聞處事。

純聲、學浚來訪。士選、建人自香港電賀新職。周星北自嘉義函賀。

正中書局聘為編審委員會委員。沈雅利來訪。

梁嘉彬來訪，同進午餐。

3 月 26 日　星期日　晴

「台灣中國世界」一文在中央、新生二報發表。

十時研究院紀念週。與程天放接洽，定明天接事。

趙楷來訪。薛繼壎來訪，談氣象局事。

3 月 27 日　星期一　晴

十時中宣部舉行新舊部長交接典禮，張知本、懷九監交，天放、懷九、余及昌煥先後致詞，會後攝影。

黃季陸、張靜愚二君下午三時許來寓相訪。

十一時總統府會報，討論救濟大陸饑民事，由余擬稿。

一時請昌煥、彥棻在中航招待所吃飯，商討部務。

下午三時到部與陳天鷗、高蔭祖二秘書洽談。

唐振楚君將赴官邸接替曹聖芬所遺職務，特來話別。

李少陵、趙少俠、周邦道、孫宕越、崔書琴等賀就新職。

中大同學陳士華、張振宇、鄭宏寬、詹樹千、黃憲球、汪恩沛、薛佩琦、謝應寬、傅恩培來部道賀。又張慶楨、方青儒、楊錫福來部道賀。

3月28日　星期二　晴

青年節前夕，總統發表發動救濟中國大陸饑民之呼籲，由余起草。

下午三時中央黨部開會討論具體事項，谷正綱主席。

七時哈佛大學同學會假台銀俱樂部開會。

八時訪梁中銘、又銘兄弟，談編輯畫報事。訪魏景蒙於中國新聞社。

蔣緯國、羅敦偉、陶元珍來函道賀。薛繼壎、婁子匡、蕭同茲、王洸、劉聖斌、趙石溪、孫光裕、謝然之、邵維廉、周代殷來部道賀。

3月29日　星期三　晴

青年節，上午十時圓山公祭。訪連震東、姚從吾、張道藩、王寵惠。

晚台北報業公會在新中華公宴，計二席，余與昌煥、希聖、同茲先後致辭。

3月30日　星期四　晴

上午中常會臨時會。任卓宣自澎湖返台北。訪張知本。

晚全民日報在蓬萊閣宴請。

3月31日　星期五　晴

下午二時召集中宣部同事談話，三時舉行部務會議。

訪胡健中、黃季陸。晚訪傅斯年，作長談。

4月1日　星期六　晴

中午十二時宴請張道藩、張默君、羅家倫、陳紀瀅、陳雪屏、胡健中等，商文藝獎金事。

4月2日　星期日　晴

中午十時研究院結業典禮，十二時聚餐，余坐總裁之右席，問詢中宣部事。

下午四時，經國在其寓所茶會。

六時中宣部招待台北各報記者，余致詞，題為「政治氣象台」，來賓致詞者謝然之、蕭同茲等。同意以陶希聖為中華日報董事長。

4月3日　星期一　晴

十一時總統府會報。

五時訪任卓宣于其鄉間寓舍。訪唐縱。

下午十時總統召見，指示俄機參戰事宜，並談陳立夫任資政事。

4月4日　星期二　晴

十時總統府會談對俄機參戰事，王雪艇主席，參加者葉部長、周總司令等。

六時中國新聞出版公司假中國之友俱樂部開第一次籌備會，余主席，到自誠、士英、君章、佩秋諸君，推佩秋為總經理。

八時赴中央日報，參加其編輯會議，並致辭。

陳訓悆來訪，談中華日報社長事。香港時報駐台代

表來訪。

4月5日　星期三

下午六時請佩秋、隱柔、鈞澤、應寬諸君商編輯周報事。

下午三時宣傳會報一般業務組開會，余主席，到陳博生、馬星野、蕭贊育、鄧文儀、賀楚強、陶希聖等。

丘念台來台。又訪黃國書，談中華日報事。訪俞鴻鈞，洽宣傳部專款十五萬元。

4月6日　星期四

九時中常會，總裁主席，發表李敬齋為黨史會主席，谷正綱為軍隊黨部總幹事。

赴廣播電台，視察本部辦公室地址。

徵求反共歌曲，在報上登啟事，第一獎二千元。

4月7日　星期五　雨

上午十時舉行部務會議，討論本部經費與人事。

下午六時請任卓宣在寓便餐，談今後宣傳方針。八時訪狄膺長談。

訪李鹿苹，請其擔任新聞公司經理。訪羅剛君，請其擔任三民主義學術研究會籌備會事宜。訪趙友培未晤。晤台大盧品君。

4月8日　星期六　雨

九時參加中央黨部談話會，討論建立西南執行部事。

十二時總統在台北賓館宴客，到傅斯年、羅家倫、黃季陸、張道藩等。

中國大陸災胞救濟總會推余為理事之一。

六時在鐵路飯店舉行「中國一周」第一次編輯會議，予擬定發刊例言，並聘定編輯十五人，趙友培君為專任編輯。九時接開公司第一次董事會，議決添聘吳錫澤、梁中銘為董事，李鹿苹為經理。

4月9日　星期日　晴

訪李文範先生，商中華日報事。訪鄒海濱先生，商編輯黨史事。

十二時參加國立政治大學校友會，余致辭，並當選為籌備會召集人（在圓山舉行）。

晚六時在狀元樓宴請董顯光夫婦。

訪吳望伋。李祁來訪，介紹戴廉為英文編輯。

4月10日　星期一　晴

十一時總統府會談，討論對美外交。

五時外交部葉部長雞尾酒會。

中央財務委員會聘余為中國廣播公司董事，補谷正綱之缺。

4月11日　星期二　晴

十一時總統府宣傳會報，決定五四為文化運動節，並報告中華日報事。

四時舉行三民主義學術研究會籌備會，決定本星期

日舉行成立會。

　　中午十二時在中國之友俱樂部宴請陳質平，請彥棻、天放、佩秋、昌煥作陪。

　　下午六時在鐵路飯店宴請卜少夫（天地新聞社），請台北各報刊負責人作陪。

　　香港時報由王雪艇設法在中央銀行貸款港幣五萬元，由余擔保，下午三時在總統府祕書長辦公室蓋章。該報派總經理卜青茂接洽社務。

4月12日　星期三　晴

　　上午八時在研究院講「講習要旨」。

4月13日　星期四　晴

　　上午八時講「黨史」，下午一時半講「黨的理論」。

4月14日　星期五

　　鏡兒偕蔡體雍赴美，送至基隆港口。

　　四時作家座談會。

4月15日　星期六

　　【無記載】

4月16日　星期日

　　研究院開學典禮，總裁致辭。三民主義學術研究會成立，余當選為理事。

4 月 17 日　星期一　晴

九時中央黨部紀念週，余講「新文化運動」。

十一時總統府會談，會前與張羣談對美外交。

四時出席反共抗俄青年聯合會致辭（在勵志社）。

晚七時在陳辭修公館舉行研究院院務會議，討論徵選第六期研究員事。

十二時中華文藝基金董事會開會，通過會章。

4 月 18 日　星期二　晴

十一時舉行部務會議。

十二時反共歌曲評選委員會開會。

六時新聞公司假中國之友俱樂部開會，通過曹聖芬、鄭彥棻為新董事。

八時三民主義學會理事會第一次會議，余當選為常務理事，羅剛為總幹事。

4 月 19 日　星期三　晴

王亮疇先生來訪。

下午三時宣傳會報業務組，余主席，討論香港宣傳問題。

下午六時中央執行委員會在台北賓館招待反共抗俄婦女聯合會，于右任先生代表致辭。

下午八時革命實踐研究院開小組會，討論第六期課程，到陶希聖、谷正綱與余三人。

4月20日　星期四　晴

上午九時中央常務會議，總裁主席，俞鴻鈞報告財務狀況，並通過理論委員會併入宣傳部。

中午十二時請中央社蕭同茲、陳博生二位在狀元樓午餐。

下午七時半參加台灣省黨部宣傳座談會，余主席。

4月21日　星期五　晴

中午請楊紹震君在中國之友吃飯，渠方從事于美國史之撰述。

三時參加中國電影戲劇協會開幕典禮，並致詞。

六時「中國一周」編輯委員會。

八時赴報界公會之宴，談報紙漲價問題。

4月22日　星期六　雨

下午五時何敬之在其官邸茶會，招待道德重整會二西人。

中午十二時招待雜誌主編，到雷震、臧啟芳、黃紹祖等。

八時看反共抗俄歌曲應徵作品。

4月23日　星期日　雨

在草山起草中國一周致讀者的信，又隨筆三則。

李炳瑞君來訪，商談國際宣傳事。

4 月 24 日　星期一　晴

　　下午三時中常會五人小組，討論黨部本年度經費，出席者朱家驊、谷正綱、李文範、黃少谷，陳立夫未到。

　　程石泉偕喬治教授來訪。

4 月 25 日　星期二　晴

　　上午十一時舉行宣傳會報，總統主席，討論軍事消息發佈問題。

　　訪李炳瑞君。李中襄來訪。

4 月 26 日　星期三

　　下午三時宣傳會報理論組開會，到任卓宣、蕭自誠、谷正綱。

　　與李欽若談國際宣傳事。訪朱騮先、黃少谷、李文範，商本部經費事。

4 月 27 日　星期四　雨

　　上午九時參加淪陷區工作指導委員會。

　　致書胡健人，請其擔任本部在港之聯繫人。

　　下午六時張肇元在其寓所請客，到倪烱聲、郭驥等。

4 月 28 日　星期五　晴

　　中國一週出版。

　　宴請于、居、鄒、李諸先生，邀連震東、傅斯年、方豪作陪。

4月29日　星期六　晴
三時心理作戰組開會，余未參加。

4月30日　星期日
起草「台灣與太平洋戰略」一文，供中國一週之用。

5 月 1 日　星期一

在研究院講「地理與戰略」。

十一時紀念週，總裁演講「民族正氣與革命哲學」。

十二時舉行政治會報，討論政府預算及美記者來華事，一時始散。

5 月 2 日　星期二　晴

上午十時部務會議，通過設立新聞資料供應社事。

中午十二時中大地理系同學宴余于太平食堂。

在草山起草「總統五五紀念講辭」。

5 月 3 日　星期三　晴

九時首長會報。十一時總統召見，談對美國記者措辭。美記者來華。

下午三時浙江反共救鄉後援會，因舉行業務會報，未往參加。

七時張道藩在廣播電台宴請 Gil Leek 先生。

陶百川寄來「世界大戰研究」與「蔣總統思想體系」二書。

5 月 4 日　星期四　晴

九時中常會議決本年度事業費增為一百萬元，宣傳經費佔百分之三十四。

十時三民主義學術研究會宣讀論文，十二時聚餐。

三時中國文藝協會成立，余致詞，題為「文學創作與國運」（地點台北中山堂）。

六時五團體公宴中國文藝協會（地點中國之友）。

八時出席雜誌界聯誼會。

5月5日　星期五　晴

九時革命政府成立紀念日在中山堂舉行，總裁致辭。

十二時中國一周編輯人集聚。

六時在錦州宴請華僑日報經理。

5月6日　星期六　雨

在政府發言人辦公室晤昌煥兄。訪彭孟緝。

起草「今日之台灣海峽」一文，載中國一週第三期。

六時赴新中華，赴新生報為華僑日報設宴。

5月7日　星期日　大雨

十一時赴總統官邸，商美記者團談話事。

三時政大校友會籌備會。

七時赴鐵路飯店華僑日報宴。

八時中央黨部晚會。

5月8日　星期一　晴

十時草山紀念週。十一時總統召集座談會，一時
始散。

一時至金門飯店晤陳民耿。

七時總統在官邸招待美記者團，發表談話。

5月9日　星期二　晴

十一時總統府宣傳會報。

5月10日　星期三　晴

十二時中大地理系同學會宴請。

七時中大校友會在中山堂光復廳茶點，由女同學作東。

5月11日　星期四　晴

九時常務會議，決定本年度黨部事業費。

下午八時正中書局編輯會議，陳立夫主席。

六時請李立侯、江一平、黃季陸、王遠鵬、王平陵在中國之友便餐。

5月12日　星期五　晴

十時革命實踐研究院第五期畢業典禮，一時聚餐。三時接開院務會議，討論第六期研究員選調辦法。

5月13日　星期六　晴

「有版之圖」一文在中央日報地圖週刊發表。復星島日報何高憶【何高億】信。

十二時中大舊雨周倫開、凌純聲等在洪長興宴請。

二時參加連雅堂先生紀念會籌備會。

六時在鐵路飯店宴請李秋生、崔書琴等。

5月14日　星期日　雨

起草「大覺醒時期」一文，供中國一周第四期之用。

擬定充實「中國一周」內容辦法。

在草山住宿。

5月15日　星期一　晴

九時總統召見，告舟山撤退事。

十時官邸會議。

下午七時與吳主席合請省參議員及台北報業負責人商出日文版事，議決取消。

5月16日　星期二　晴

十二時公司董事會議決收撰廣告，增加銅版圖四頁。

五時王秘書長約談，到葉公超、黃少谷、張岳軍，商對美外交。

周至柔函聘為國防政治部設計指導委員會委員。

5月17日　星期三　晴

十二時文化座談會，由中宣部作東，出席者青年、教育兩部、總政治部、省黨部、省教育廳及研究院。

九時首長會談，十一時訪吳主席商宣傳部職員宿舍。

八時看萬象劇團「台北一晝夜」。

5月18日　星期四　晴

上午十時至空軍廣播電台錄音。

二時半省府三樓會議室商談紙張加價問題。

下午五時赴台北賓館商談研究院第六期課程。

下午八時赴士林，訪唐振楚，談總統文告。

5 月 19 日　星期五　陰

赴公司訪羅佩秋，商「中國一週」廣告及發行事。

下午三時宣傳會報理論組開會，通過本組工作綱領。

5 月 20 日　星期六　雨

十二時在中國之友宴新加坡中興日報陳國礎君。

下午三時三民主義學術研究會理事會。

5 月 21 日　星期日

下午三時中國雜誌社協會成立，在中山堂舉行，余致詞，題為「期刊對國家之貢獻」。

5 月 22 日　星期一

上午十一時政治會報。

中午十二時半本部會議室舉行文化座談會，由青年部召集。

5 月 23 日　星期二

上午十一時宣傳會報。

十時部務會議，由全體同人參加。

十二時出版公司董事會。下午六時宴請程滄波、劉伯閔、洪陸東。

5 月 24 日　星期三

下午六時半，新加坡劉伯群、陳國礎兩君在蓬萊閣宴請。

5 月 25 日　星期四

上午九時中常會，總裁主席，通過革命實踐運動綱要。

中午十二時宴請徐道鄰，邀鄭介民、唐縱、黃少谷作陪。

5 月 26 日　星期五

【無記載】

5 月 27 日　星期六

下午三時理論組開會。

5 月 28 日　星期日

下午四時出席寧波旅台同鄉會，商談浙海日報復刊事。

九時徐錫鑾來訪。十時訪許孝炎。

十二時假中國之友宴請許孝炎、成舍我、胡秋原、胡健中、徐錫鑾等。

5 月 29 日　星期一　雨

九時圓山大直軍官訓練班紀念週。

八時軍隊黨務工作研究會議，谷正綱主席。

5 月 30 日　星期二　雨

上午九時總統府會報。

十二時半沈昌煥在政府發言人辦公室餐敘，討論出小冊子。

下午七時，朱虛白、陳訓悆、馬星野、謝然之宴請香港來台許、程、成諸君。

5 月 31 日　星期三　雨

中央日報發刊邵元冲先生紀念特刊，載予文「與邵元冲先生一夕話」。

下午三時業務組開會，討論香港報紙進口問題。

6月1日　星期四　雨

下午四時在反共抗俄婦女聯合會演說，錢用和主席。

上午十時至下午二時，中央黨部全體工作同志談話會，李文範主席。

6月2日　星期五　雨

下午四時理論組開會。

中午十二時，為發起中國新聞資料供應社事，在中國之友宴請自誠、然之、子政、佩秋、昌煥及林家琦。

6月3日　星期六

四時招待台北市報界，並約許孝炎、程滄波、徐道鄰演說。

九時訪越南反共大同盟宣傳部部長、越南國民黨外交特派員范泰。

6月4日　星期日

九時研究院第六期開學典禮。

二時浙大校友會，余致詞，說明浙大校史三時期。

五時香港時報管理委員會在雷震宅晚餐。

為中華日報事訪丘念台、黃國書、陶希聖、吳國楨。

「世界戰略之重大修正」一文發表。

6月5日至16日　星期一至五

【無記載】

6 月 17 日　星期六

中國文藝協會在中山堂舉行第一次文藝晚會，下午七時半。

6 月 18 日至 22 日　星期日至四

【無記載】

6 月 23 日　星期五

下午四時出席戰略計劃研究會議，講題「縱談世界大勢」。

6 月 24 日至 25 日　星期六至日

【無記載】

6 月 26 日　星期一

第六期研究院結業典禮。

九時官邸會議，討論韓國事件。

6 月 27 日至 28 日　星期二至三

【無記載】

【本年日記至此（三十九年六月），以後未見】

民國 41 年（1952 年）

本月大事預定表

總統元旦文告四項改造運動之研究

全國代表大會之籌備工作：黨章與政綱政策

革命實踐研究院結業研究員回院研究計劃

編訂英文本本黨概要

教育文化政策研究會

新思潮撰述人談話會

杜光塤介紹主委同志談話會

出席本會區黨部小組聯合座談會

本會工作人員考績辦法

中國科學總會成立問題

擬定中國一周新章程，並開具已往撰稿人名單

注意黨國先進誕辰

1 月 1 日　星期二　晴　台北

提要

總統元旦文告提及共匪六殺運動、本黨四項改造運動

克難英雄大會

杜勒斯與吉田談話關于中日雙邊和約相當成功

　　上午九時中央黨部在台北賓館舉行團拜，于院長主席，略謂黨國興廢卜於今年。

　　上午九時半四十一年元旦開國紀念典禮在總統府大禮堂舉行，總統宣讀元旦告全國軍民同胞書。

　　上午八時中山堂三樓畫廊舉行華僑愛國運動照片展覽會。

　　上月二十七日，華府顧大使電告與杜勒斯談話：「杜謂確信（confidently believe）日本今後必須與美國政策一致。援助台灣之國民政府為美之自衛政策，但自衛非上策，須兼採有建設性之積極政策。而欲行此積極政策，不僅維持我在台灣地位，並須擴充我力量，使對大陸能有作為。」

　　總統在元旦文告中指出，在去年一年中間，共匪在大陸上推行所謂「抗美援朝」、「全國土改」、「鎮壓反革命」、「捐機獻砲」、「文化整風」、「新婚姻法」等六大運動，實在就是六殺運動，秉承俄帝預定的政策，造成了空前的浩劫。

　　十一時赴士林官邸簽名拜年後，分赴吳稚暉、丁惟汾、王寵惠、鄒魯、李文範、吳忠信、張羣、何應欽、吳鐵城（病）、陳誠、吳國楨、許世英、王世杰諸先生處致敬。

　　二十八日葉部長與藍欽公使談話：

藍：杜勒斯與吉田之洽談，已有相當程度之成功。

葉：我方對和約之立場並未變更，且我方除依金山和約大致相同之條款訂約外，對于任何代替雙邊對日和約之方案，均無意接受。

1月2日　星期三

提要

總裁事略編纂工作

269 次會議，考試政策、土地政策、改進小組組織

王亮疇先生談話，行政、司法共同負責

　　下午三時改造委員會第二六九次會議：（一）本黨
考試政策方案；（二）大陸收復後土地政策綱領草案；
（三）張羣提出「關於小組組織改進之意見」一案。

　　上午九時訪吳主席談財政問題，台胞每人每年負擔
三百元，佔國民收入 34%（吳），一說 23-24（嚴），
省府每月開支四千萬，不能增加支出三千萬。財政有虛
收實支現象。救急動用平衡基金（Counterpart Fund）
六千萬元，發行已達五億元。

　　上午十時接見曼谷記者團團員六人，民主日報社長
鍾仕均（梅縣人）及曼谷英文報記者。

　　總裁事略編纂報告（四十年十二月份），民國三十
年國內外大事年表已大致完成。

　　十一時鄭彥棻同訪王先生，此為第二次。

王亮疇談話要點

　　此為中國存亡問題，凡事豫則立，問題在做。大局
好轉，逐漸逼近，現在要問如做。蔡斯新年論文，軍事
上不限於自衛，政治上如何求配合？以政治手段，循法
律途徑，達政治目的。行政與司法應共同負責，明辨
是非，主張公道，使違憲違法之說自熄。非不主張開國

大，但非無條件、無計劃者。但不主張補大法官，但非隨便拉幾位來充數。對國大應保有否決權，對大法官應掌握多數。大法官現僅二人，九人可開會，須增加九名，合十一人，至少要能控制七位（其中一名須台灣籍）。

　　大法官有三類：（一）明白道理，不與政府為難者；（二）道理雖然明白，而別有作用者；（三）無主張，無可無不可者。第二種人要不得。現在開始多談談，在應酬中考察其思想與時局觀感。只有國大有法律地位，國大始終不能離開他，不滿意更要研究它、理會它。憲法 27、34、136 諸條「以法律定之」一語須研究。

　　立法院可修改開會人數。憲政研究會修改憲法的草案，足以造成大亂，烏合之眾足以亡國。

　　李宗仁案提起公訴後只能走到半途，沒有結果，因為沒有引渡條約。缺席裁判不公平，明知無結果也要做。主張走政治途徑，即開國大，黨員立場要始終不變，絕對擁護政府，近于盲動才有辦法。國大保有否決權，使不利于政府的議案通不過。

　　訪凌鴻勛，借張公權著中國鐵道建設（*China's Struggle for Railroad Development*）譯本。

1月3日　星期四

提要

台肥公司捐助黨費 20 萬元

與倪文亞談話

總裁對于全國代表大會之指示，即行籌備

　　上午十時改造委員會第二七〇會議，討論本黨全國代表大會，各委員逐一發言後，總裁指示即行籌備，俾可隨時召開。

　　正午十二時卅分在台北賓館舉行評議委員會談，由余報告本黨四十一年度工作目標。

　　湯元吉來函：「本公司本年度肥料產量，原定為九萬七千公噸，而實際產量則達十萬〇五千公噸，計超出八千餘公噸。除遵照政府規定數字提繳盈餘外，茲為貫澈農村服務，裨益農胞之夙志，擬於上項超額產量肥料之售價內提撥新台幣貳拾萬元貢獻鈞會。並依勸募辦法第 27 條之規定，擬請指定作為上項政策宣傳工作之需，並依同辦法第 28 條之規定不予公佈」。湯氏對勸募率先倡導，經向本日會議報告，深為嘉許。

　　何敬之先生面交日本關西文化界田中齊之等擬組織台灣經濟視察團事，囑向黨報告討論。

　　許聞淵來函：「總裁前曾指示本院于十六期辦理完畢後，調一期至十一期結業研究員回院，研討三項問題：（一）訓詞之實踐與結業研究員之聯繫；（二）本院課程之改革；（三）政治、經濟、文化、社會四項改造運動。現已擬成草案。……鄙見無論調訓之對象、訓

練之內容與方式、訓練後之任用與考核等等，均宜作澈底之改進，以應需要。」

四時省黨部主任委員倪文亞同志來談，約一小時，對人事調整問題申述困難情形，並擬向總裁辭職。予以安慰。

程生光裕送來論文兩篇：（一）釋實踐；（二）鮚埼亭集研究。

盧緘三君函：「現在岡山管顧糖廠，將近一月，有『別有天地非人間』之感。附近有阿公店蓄水池（別稱燕龍潭），製糖在新曆二、三月停止。」蓬萊糖業公司。

訪吳禮卿先生，承告以香港之行所見聞者。訪張默君先生，告我以考試院近狀及院長問題。

1月4日　星期五

提要

本黨概況（英文本）著手編纂

紐約時報

讀公共關係一書

黨員特別捐勸募總隊成立會

下午三時第 271 次會議，專案討論社會調查。

下午四時在第二會議室舉行黨員特別捐勸募總隊成立會，發動勸募事項。由財務委員會召集，王寵惠主席，由財委會主任委員俞鴻鈞、勸募總隊隊長王寵惠及余相繼致詞。勸募額定為三百萬元。

　　下午六時周鴻經、吳俊升、張廷休、劉季洪假正中書局編輯部宴客，商談出版現代國民叢書事。與李熙謀兄訪胡光鑣、張道藩。

　　下午六時中國新聞公司首次董監例會。

　　紐約時報航空版，每星期航空到台二次，一個月140元，星期版40元。台灣英文出版社，博愛路81號，2728。

　　擬即著手編著英文本，本黨概略分為：一、簡史（羅家倫）；二、理論（崔書琴）；三、任務（余）；四、組織（陳雪屏）；五、民眾（曾虛白）；六、海外（鄭彥棻）；七、宣傳（蕭自誠）；八、文藝（張道藩）；九、大陸（沈昌煥），總理（王寵惠），總裁（董顯光）。

　　總統府機要室資料組報告：「花蓮縣屬山地同胞對政府採取扶植獎勵政策，免除一切捐稅負擔，及使子女公費入學，並選舉代表參與政治，且經常配分日用必需物品等，均極感德。惟澈底檢討，尚有下列各點需要加強改進：（一）黨務；（二）山地行政；（三）戶口；（四）道路；（五）醫藥；（六）國語運動。」

　　金維繫來談，監察院月會即將舉行，李宗仁彈劾案將付審查。

　　讀「公共關係」一書，施康平譯，台肥公司企業管理叢書之一。J. H. Wright & B. H. Christian, *Public Relations in Management.*

　　內政部調查局季源溥送來「共黨滲入潛伏與繁殖台灣的策略及其對策」一冊，係此次辦理匪諜案中匪犯何

心石所撰擬。

1月5日　　星期六

提要

擬定中華文化出版事業基金董事會規程草案

總裁對台省黨部不滿

嚴部長報告財政

史培爾曼來訪問

　　上午九時半至十時四十分，對軍官訓練團第十期講授黨史。

　　下午七時三十分朱騮先在聯合國中國同志會歡迎金大使弘一，因赴士林官邸，未往。

　　正午十二時第一區黨部直屬第二小組第十五次會議，余作社會專題報告。

　　上午十時總裁在總統府召見，陪王院長、鄭主任及倪主任委員晉謁，總裁對李友邦、張吉甫案大為申斥。

　　下午四時本會 272 次會議，請財政部嚴部長家淦報告目前財政情形。

　　外交部函：「關于留越國軍一案，迭經本部向法國政府交涉遣返台灣，迄尚未獲解決。最近復發生兩事，其一為集中地點有若干士兵失踪，其二為士兵于聖誕節絕食。本部據報後，即就法方長期拘禁國軍，惡劣待遇，缺乏安全各節，向法國嚴重抗議。」

　　擬定中華文化出版事業基金董事會規程草案。

　　下午七時半士林官邸餐敍，總統夫婦、亮疇先生、

彥棻及余共五人。總裁指示，國大組織法由立法院修改
後應集會，立法院院長擬張道藩，先徵其同意。大法官
缺額於近數月內補足，俾可依法集會。

耶嘉達天聲日報社長吳慎機寄來社會選集第一集。

史培爾曼樞機（Cardinal Spellman）自東京來台
北，「我永遠和你們在一起」。

上星期反省錄

自本年度起應以日記為進德修業之基本，務須持之
以恆，不可稍懈。

慎言語、節飲食，對于健康關係至大，宜時刻注意。

應開始研究辦事學，即辦公學，並以公共關係一書
為發軔之始。

對亮疇先生有新認識，其謂「以政治手腕，循法律
途徑，達政治目的」，實可視為一般辦事處世之通則。
渠謂對大法官會議應有控制權，對國大代表會應有否決
權，誠為最高政治振衣得領之談。

總裁對台灣省黨部大為不滿，以其正式黨部之李友
邦、張吉甫二委員之為匪諜，事先未能察覺。今後對此
事務須提高警覺性，並應與有關部門取得聯繫。

本黨文化出版事業，余當自勉為一原動力，賓四對
此盛加推許，以為其貢獻不在編著黨史之下，當盡心力
以圖之。

政院、省府間終不能免於摩擦，黨的中央如何盡其
應有之責任耶？

嚴（財政）部長報告條理井然，不可謂非持之有故

言之成理者。

本星期預定工作課目

中國一周應設法其成為一健全之機構，今年起由邵德潤同志負責，在編輯、經理兩方面應善加扶導，期有進境。

省黨部書記長之提名：李士英、許聞淵、唐振楚。總統派詹純鑑。

四十年度考績。

總裁招待台大教授，由余擬定名單。

總動員運動綱領草案之推進。

本會預算案與工作計劃。

應購世界年鑑與日本年鑑。

催訓念兄拍攝布雷先生日記。

繼續借閱總裁日記。

為丁驌事向台大接洽。

與錢賓四商談編輯工作。

1月6日　星期日

提要

草「回顧與前瞻」稿

丁驌中國地形稿

李彌來台

郎靜山

上午九時中央直屬第一知識青年黨部第一屆黨員大

會開幕（地點台灣大學法學院大禮堂），未參加。

丁驌來函（一、三）：「中國地形一稿，去年曾動筆修改抄寫，後因為商務編纂高中教本，一度擱置，現正在整理中，大約二月中旬或下旬可以完成，驌即可全稿寄奉矣。惟所有圖幅均已散失，僅能以草稿附呈。此外驌在新疆考察之報告，包括地理、地形（中文）、植物（英文）三大部份亦迄無機會印行，所寫之地形學原理（英文）亦尚未出版。」

草擬聯合紀念週黨務報告稿「回顧與前瞻」，就本黨四十一年工作目標加以解釋。

梁嘉彬贈我中等學校補充教材歷史一冊，內有近代史專題——對俄問題。

趙芷青自稱結餘兩萬餘元……開源之外必須時刻節流。

外交部函：「如我方處理失慎，不僅將失卻美方現有對李彌所部之秘密援助，抑且可能影響我方在其他方面與美方同類之合作，故李將軍此後行踪，似宜儘量保持機密，尤忌見報。」

中國一周第八九期載余「戰時經濟體系之確立」一文。

羅志希代贈郎靜山先生集錦照像一冊，英文時事出版社發行，共有照相三十幀，可作地理插圖之用。

1月7日　星期一

提要

聯合紀念週黨務報告

革命實踐研究院決議案

鏡兒匯款及在美留學情形

上午九時，革命實踐研究院第十六期研究員暨軍官訓練團第十期學員舉行紀念週。第十六期研究員 298 名，其中女研究員 35 名，旁聽研究員李彌一名。各期結業研究員擬成立「實踐研究會」。

十一時在圓山軍官訓練團大禮堂舉行第 38 次院務會議。

上午九時在中山堂舉行聯合總理紀念週，余擔任報告。

民社黨情形

該黨內部以蔣勻田所領導者為擁護張君勱之實力派，肆意詆毀政府，且公然標榜第三勢力。

張君勱近寄蔣勻田照片一幀，附誌「蟄居喜馬拉雅山下，讀書斗室之中，與世隔絕，然念念不忘家國，望以此影示同仁，此年逾六五之老翁，尚有收拾山河之一日乎。」數語充分表露其政治野心。

張近在香港自由之聲撰文，三十餘年來實際政治之領導者「不外乎袁、蔣、毛三個時期或三種人物，雖有時不能不假借民主憲政政黨選舉等名目為工具，但其真心則視之為芻狗也而已。」

　　張與萬鴻圖等通信：「國事日非，非大變革難起沉
痾，當政者僅以國家名位（指立監委、國代）為豢養私
黨之飯碗」。

　　徐傅霖現雖代理該黨主席，但實權仍為蔣勻田等所
把持，徐本人因欲領導該黨參加政府，且欲博得政府好
感以自重，故表面言行尚屬正確，但其內心對政府並不
滿意，每于私人談話中，抨擊政府無能。

　　下午三時第 273 次專案討論「國民革命第三期理論
綱要」。

　　胡健中書：「聞總裁對道藩兄之堅辭已有諒解，惟
囑與兄研究其他人選。區區之意，終以為必須研究出一
個王五來，尚乞兄鑒於立院之安定重於一切，從此一方
面對總裁有所貢獻，公私企幸。」

　　鏡兒匯款九百英金，此係第五次匯款。四十年除夕
來信，聖誕前後曾赴波士頓三日，住于吳士選公子處，
顧一樵、楊聯陞及王洪【王浩】（闞紉瓊之丈夫，現任
教哈佛）邀請便餐，今年可念完 Ph.D. 課程，明年祇需
口試與寫論文，故擬轉學哈佛。Raisz 現在克拉克兼授
繪圖學。論文初稿已草就，現擬開始攻讀法文。

1月8日　星期二

提要

宣傳會談，談中日和約問題

四十年度考績

讀「莫斯科的使命」

國際電影院收回事

　　下午三時舉行第六一次工作會議：港澳總支部債務問題設調查小組，以谷歧山為召集人。

　　上午十一時總統府舉行宣傳會談。

雪艇：中日問題解決應在美國參議院批准和約之前，董顯光在美應於此有所效力。社會上有力人士亦可就此事講話。

總裁指示：元旦文告如何督促實行，應由設計委員會來推動。委員與總幹事每星期與各執行機構取得聯絡。政府要有朝氣。

張羣：應注意如何發揮台灣在世界的重要性，並指出兒玉謙吉與重光葵等現在仍有勢力。今年要注意簡化機構，減少紛亂的現象。

　　工作人員四十年度考績：陳天鷗 95、諶忠幹 90、張振宇 90、宋晞 85、蘇德用 85、張洒藩 80。

　　讀完美國駐俄大使史密斯中將著「莫斯科的使命」一書。

　　孫碧奇自泰國來函，謂已由部令著加公使銜。

　　李熙謀黨證補發，原浙字 00079 號。

　　革命實踐研究院第卅八次院務會議決議：（一）通

過各期結業研究員成立「實踐研究會」章程；（二）前
中訓團高級班及國防研究院結業學員重新調訓，同時選
調各單位高級主官，合為三百之數；（三）第一至第
十一期結業研究員研討會研討計劃；（四）在台北市設
置敵情資料閱覽室；（五）擬利用寒假中舉辦中央直屬
知識青年黨部小組長冬令講習會一週。

六時余第七組組長約集游彌堅、王民寧等有關同志
會談，決定國際電影院由省黨部即行收回。體育、教
育、文化三團體每月所需補助費，照原數由黨部就國際
收入項下按月撥付。

1 月 9 日　星期三
提要

杜邱會談聯合公告

任廳長報告財政

訪陳院長

下午三時，本會 274 次會議，討論四十一【年】度
經費預算百分比有關問題，後改為聽取台灣省財政廳長
任顯羣同志有關財政報告。

上午十一時訪王雲五談文化出版事業，以渠於此道
富於經驗也。

又訪洪蘭友，談總裁有談國大問題之指示。

下午五時余井塘、倪炯聲來訪，談張道藩辭主委事。

下午八時訪陳院長，長談一小時半，對最近政情詳
加研討。

下午二時訪黃少谷，檢討政情。

張伯謹自日本寄來「最新日本通史」，丸山二郎著，吉川弘文館發行，昭和廿四年，二八〇圓。

杜、邱正式會談係於七日、八日兩天舉行，會後並於九日發表聯合公告：「我們認為對抗共黨威脅的重要性，遠超過我們對華問題的歧見，我們將繼續支援聯合國在韓作戰，直到恢復了和平安全為止。」邱氏向杜氏保證，英國之承認中共政權，將不妨礙英國與自由世界其他國家應付中共任何侵略威脅的行動。

1月10日　星期四

提要

總裁招待台大教授

監察委員黨部宣誓就職

總動員運動綱領草案

與汪公紀談中日文化

訪張道藩談立法院院長事

下午六時約請有關同志共同商討僑校教科書供應問題，同時程天放、陳雪屏在教育部招待行政院設計委員會教育文化組委員。

總裁約請教授名單：凌鴻勛、錢穆、錢思亮、劉崇鋐、沈剛伯、周鴻經、李濟、董作賓、毛子水、姚從吾、張佛泉、洪楷、潘貫、蔣復璁、屈萬里、方豪、方東美、凌純聲、陳康、勞榦、王鳳喈。

正午十二時半總裁在台北賓館宴請凌鴻勛等。

下午四時汪公紀來訪，談中日文化交流問題。

九時訪張道藩，談二小時，勸其接受總裁提名為立院院長。

上午九時半在本會禮堂舉行監察院監察委員黨部委員就職宣誓典禮，恭請總裁親臨主持致訓。王澍霖、侯天民、曹德宣為常委。

上午十時本會第 275 次會議，崔書琴報告擬訂「反共抗俄總動員運動綱領」草案，總裁指示以此草案為基礎，繼續研究納入。

總裁訓詞：過去本黨失敗原因，宣了誓就算了，「尊重組織、尊重紀律、大公無私、團結一致」，宣過誓都忘了，黨員對黨無信義，對自己無信心。監院黨部應做全黨的模範。委員不可自視為特殊階級，自以為榮譽地位，要為黨員服務，與黨員親近，俗話說「要做好，大做小」。黨員要學習、研究，天天求進步，有新的知識、新的精神、新的力量。高級向低級去學習領導，才能領導他們。「這種中央委員不配革命」。

台北賓館總裁招待會：

錢賓四：　過去教育學術界沒有樹立比較穩健正確的道路，應該反省。共匪使教育界人格破產，不能領導青年，精神上打垮他們。共匪是先抓學生，由學生來逼教員，再來清算學術界權威。主張有一機構羅致大陸的出版物。我們自己要有一套，對于匪區一套要有開鎖之鑰。

毛子水：　孔子與老子比較，孔子比老子好得多，但比較整飭手段一定不變，反而吃了虧。

洪　楷：沒有課外書可讀為一嚴重問題。

總裁指示：大陸上教授的自白書要諒解他們，真正被
　　　　　麻醉的那是極少數，祇要清算極少數人就
　　　　　可以了。老子是辯證法的祖師。國家根本
　　　　　問題在于教育，過去太無方針。

1月11日　星期五

提要

訪吳主席，代表本會同志慰留

通過本會預算

監察院通過李宗仁彈劾案

英美法三國參謀首長會談

　　下午三時本會第 276 次會議，專案討論四十一年度
預算百分比有關問題。

　　今日為司法節。

　　英國史陵元帥、法國余步將軍與美國布萊德雷元帥
三位參謀首長在華府會談。

　　上午九時訪吳主席，面致本會同人慰留之意。渠仍
未釋然，對辭修先生譏其不明大義，何以能負大任。

　　總裁批示：第 264 次會議，第四組報告與東京內外
時報連絡一節不妥，至日文報刊當以自辦為宜。

　　第十五期研究員駱啓連呈「加強黨的考核工作之意
見」，交張秘書長研究。各級黨部一律設置考核委員，
專掌考核事宜。

　　國大代表逾齡召訓問題，「先交張秘書長、袁主任

考核，又曾在院受訓之國大代表同志應設計組織，並希研擬具報。」

青年反共先鋒隊應即組織。

下午四時立法委員黨部委員江一平等來訪，談預算案及立委遞補問題，主張五月廿日以前有缺出而已申請之石青、汪竹一等四人准予遞補。

下午八時半約集葉公超、曾虛白、蕭自誠等，商李宗仁案宣傳問題。

監察院十二月公函：「為彈劾副總統李宗仁違法失職一案，經審查成立，依法向國民大會提出。」上午九時開全院委員審查會，出席委員九十三人。決議：「副總統李宗仁於代行總統職權期間，棄職出國，復於代總統名義解除後，在國外擅發命令，顯係違法失職。至其公開聲明擬有恢復中國合作政府計劃，不久即可宣佈此計劃，並非完全依賴武力，顯有顛覆政府危害國家之意圖，實屬觸犯刑法第一百條之罪行，本案應予成立。依憲法第一百條之規定，向國民大會提出。其觸犯刑法部分，依監察法第十五條之規定，逕送司法機關依法辦理。」

1月12日　星期六

提要

討論中日雙邊和約問題

招待台灣省議員

黨政聯繫座談會

民主憲政社請求補助

　　下午七時中央直屬第六知識青年黨員改造委員會，假省黨部禮堂舉行第一屆黨員大會。

　　下午三時闡揚主義工作小組第十九次會議，討論「國民革命第三期理論綱要」

　　下午三時半行政院會議室舉行談話會，就外交問題交換意見。（見1月13日）

　　正午十二時在本會招待台灣省臨時省議會議員，余主席。財部嚴部長報告美援近況，本年度美國援外總額七十三億，對華約美金三億。中央至鄉鎮預算總額廿五億（美援三億在外）。Economic Stability Board。

　　下午七時陳院長在其官邸餐敘。

　　下午八時舉行黨政聯繫座談會，商討國家總預算有關問題。立委劉啟瑞、成蓬一、劉友琛、彭爾康分別報告，嚴部長等答復。

　　研究委員張鐵君對錢穆著「中國思想史」一書之審查報告頗為精審，可見此君于學術確有見地。

　　民主憲政半月刊請求補助經費，發行人佘凌雲、主編人潘廉方、經理王寒生、常務委員楊一峯、李鈺、劉振東、盧建曾、楊家麟、莫萱元、張金鑑。

塔尼西病逝（十一日晚），法國駐越南高級專員兼總司令。

上星期反省錄

外出時應檢查有未帶筆，俾便記錄。

講話總以謹慎為宜，尤宜避免與他人辯論。音調、語氣均應注意。

外交問題應開始研究，對地略學應作為主要功課之一。

時間分配毋使有輕重失當之感。

中國國民黨現階段政治主張專題研究集係第四組編印，採活葉本型式，方法甚好，等于外國之 symposium，可以推廣應用。

講話時應注重音調，務期不亢不卑適如其分。

一切事業應以家庭為基礎，古人修身齊家治國平天下之寶訓，實為至當不易之原理。

讀英文時間太少，必須設法增加，紐約時報須經常披閱。

眠、食二項為健康之根本，食量宜節制，睡眠宜充分。

黨的老前輩應定期往訪，不可生疏。

本星期預定工作課目

編纂四十年度本會工作報告。

立法院院長候選人之商定。

文化出版計劃之具體籌畫。

派遣優秀黨員出國進修問題。

本會區黨部小組長聯席會議。

請吳主席餐敘（星期四下午六時）。

請政治、經濟、文化、社會有關政府首長參加研討
「反共抗俄總動員運動綱領」草案，并提出實施方案。
（總裁指示：可以此草案為基礎，澈底研究。）

籌組各學術團體聯合會案。

新加坡中興日報補助事。

民主憲政社補助經費事。

選定歷史上偉大人物一百人，就其事跡撰為淺說，
附以圖畫，成為專書，藉資國民之景仰。

1月13日　星期日

提要

韓國金大使

陳誠論中日問題

下午八時總裁在官邸宴請韓國金大使，葉部長、吳
主席、黃少谷及余作陪。金言韓戰士兵約有二十萬人，
現韓國有軍隊十師。

中國一周第九十期載余「農業改良與糧政」一文。

行政院對日問題談話會

葉部長：杜、顧談話並未獲得保證，美參院批准和約之
　　　　後，無法控制日本，但日本仍需靠賴美國。

張　羣：機會稍縱即逝，美國態度對日不用壓力，對

華不作保證。太平洋公約成立可增加日本與
我訂約之決心。犬養健做過汪逆的顧問，想
洗個澡（戴罪圖功之意），用不著拒絕他。

黃季陸：日本器小易盈。

蔡培火：要使國民充分了解，也要使人家認識我們，國
民一致行動才能發生力量，路開得大，門開得
大，甚至中日通婚，以彼血液注入我軀。

董文琦：韓戰以後日本工業突飛猛進，日本即缺煤鹽，
我可供給一半，資金設備可向日本通融。

賀衷寒：吉田還是舊腦筋。

葉部長：若干美參議員都未談過太平洋聯盟事，澳紐
謂我非完全國家（full-fledged nation），法國
對我態度介于英、美之間。

陳　誠：人家對我看法：（1）能不能生存；（2）能
不能回大陸。有待於事實證明，需要加倍努
力。美國輿論現已進一步要求解除台灣中立
化。引其隴海路戰役舊事「開戰勝之端，轉
危為安，結戰勝之局」。

1 月 14 日　星期一

提要

彈劾李宗仁程序案

討論道藩任院長候選人案

下午三時第 277 次會議，監院彈劾李宗仁案，本案
俟憲法問題研究小組研討後再行決定，并即由第五組與

立法院黃代院長國書同志，及有關委員同志及監察委員
黨部委員，說明國大秘書處處理本案之經過。

下午六時余與企之假企之家請客，商立法院長候選
問題。余井塘、程天放、張道藩、谷正綱、胡健中、陶
希聖、周宏濤、谷鳳翔、袁守謙、陳雪屏、鄭彥棻、
余，共十二人。

上午九時圓山紀念周，宣讀院長訓詞黨政業務基本
要項（去年十一月十九日在研究院十五期結業典禮會餐
席上講）。

立委謝仁釗來訪。

紐約時報發表李宗仁抨擊蔣總統以獨斷行為改組國
民黨的聲明。

袁寓談話

道藩： 自己無涵養，容易發脾氣，人且視為以辭職
為要挾，不能做人了。

健中： 支持道藩意見，道藩嫉惡如仇，個性太強，
張三李四不如王五。立院派系意識依然存在，
我們的院長、你們的院長，道藩以超然之身
由側面來做此較好。

程天放： 道藩既經表示，之後灣不容易轉過來。

希聖： 今後是多事之秋，道藩能處變局，秘書長的
制度要建立。

彥棻： 反對王五論，今天仍是特殊情況，故需總裁
提名。

井塘： 道藩長處質直熱烈，缺處不耐煩，忍不住。

鳳翔： 應從接近方面走去，不要從隔離方面走去。

企止： 我代表李四說話，反對王五論。三個條件，
　　　與總裁、行政院、黨部三方面都合得來，恐
　　　無第二人。

　余： 道藩水到渠成，院長資望重要，國際關係與
　　　個人操守亦甚注意。輔助院長尚有若干條件，
　　　如政黨政治研究委員會、加強監察制度、舉行
　　　講習會等。

結論： 勸道藩服從總裁意志。

1 月 15 日　星期二

提要

討論國大問題

精神教育出版

中興日報鄭古悅.

　　下午三時第 62 次工作會議。

　　上午十二時台北賓館便餐招待憲法問題研究小組，
議決國大秘書處將監院彈劾李宗仁案咨送立法院院長，
立法院院長應即依法通告集會。

　　上午十一時一般問題會談，討論國大問題。

　　總裁指示：應從大處著想，大大方方做去，法律方
面不好予人指摘，開會日期越遲越好。

陳　誠： 候補問題應下決心去解決，國大組織法須修
　　　　改，國大代表應指定專人多與聯繫。

王世杰： 檢察長傳票、拘票儘管進行。

洪蘭友：國大開會時，臨時條款可加以修正補充。

張　羣：國大開會，有利方面都是大問題，有害方面
　　　　是小問題。

王世杰：因大陸淪陷，憲法中無法實行之條款，須提
　　　　一案予以解決。

　　精神教育出版，此為余學術論著第三冊，共收論文
三十五篇，大旨皆在闡揚教育與民族文化之關係。

　　台灣省第一屆代表大會紀實一書收到。

　　新加坡鄭古悅上總統函，以中興日報經費困難，三
年來無日不在風雨飄搖之中。總裁批：「交三、四兩組
切實研擬具報」。「若以星馬改委而言，一讀改委秘書
名單，依然昔日面目，甚之用非其人……改委一憑薦
舉，未蒙考核，恐遭覆轍。」

1月16日　星期三

提要

吉田茂聲明與我訂約

總裁宴請立監黨部委員

日本記者三人來訪

匪諜對本黨的批評

　　中午十二時總裁宴請立、監兩院黨部委員，談及黨
員委員受訓問題。立院已受訓者一〇一人，聯誼會已
舉行兩次。曹德宣提出公營事業有化公為私、化有為
無情事。

　　下午三時本會 278 次會議。

上午八時約請立法委員黨部委員談話。

上午十一時，日本讀賣新聞社西村忠郎、東京新聞社鈴木定夫、中部日本新聞社楓元夫，由泛亞社丁維棟君陪同來訪，由陳秘書天鷗翻譯。談本黨改造及中日關係，歷一小時，余提及抗戰初期日盟社岩永裕吉事。

六時半參加中央各單位人事處長餐敘。

日本首相吉田茂於本日東京時間正午十二時，發表其上年十二月廿四日關於聲明日本與我議訂和約事致杜勒斯之函件。

季源溥送來何心石自白補述（關於送出情報回憶節述）：「常因審慎計劃而失卻時效，常因計較手續而忘卻效果。上層能力強而忙于肆應人事，下層能力薄而不堪工作的重負，公文政治與科員政治的作用未作根本的改革。」「國民黨重視年資，而不能重用青年幹才，而致行政機關因循苟安，缺少改進的動力，並易引起青年的不滿現實。依地區看，籍貫多屬江南，北方各省的幹部甚少，可使華北的人感到不平。」

1 月 17 日　星期四

提要

雷達偵察福建海岸發現敵機

吳主席論財經問題

討論中日和約問題

下午六時台北賓館便餐招待吳主席。（見星期日，一、廿）

　　下午三時研究院第十六次講座會議（貴陽街）。

　　上午十時 279 次會議，張道藩主席，討論對日和約問題。

蕭自誠：不可太樂觀，英國抨擊杜勒斯，但保守黨態度已轉變。新聞觀察報認台灣政權為新的事實。比於戴高樂與貝當，工黨態度崛強。

曾虛白：日本社會黨右派認為時間過早，左派則攻擊吉田獨裁。

羅志希：恐夜長夢多，須敲幾下釘子。

周宏濤：杜勒斯在金山和會前欺騙參議員，如中國已同意，實為騙局。吉田朝拜神社（在鄉軍人中心），當作一大事看。

陳　誠：雖尚等待觀望，但已有所選擇。英國始終懷疑我能否生存下去，能否反攻大陸。

谷正綱：雖是轉機，仍是恥辱。

曾虛白：英國態度一裏一面，對美已有默契。杜勒斯前在東京演講，集體安全應加注意，個人應犧牲自由，國家亦然（如日本中立及解除武裝之觀念）。不打防疫針，不僅害己且將害人，韓國即其著例。

崔書琴：這是對史太林新年賀電的答復。美國夠做朋友，沒有騙我們，我們不可喜形于色。

陳　誠：國際環境良好，尤要戒慎恐懼。湖北主席故事，窮故不爭，險故不爭。現在情形比三十八年可怕得多，壞的時候要樂觀，好的時候要帶悲觀。

買皮包二隻，大 320、小 170 元。

1 月 18 日　星期五

提要

商談中日和約問題

中華文化出版事業委員會籌備會

下午七時張岳軍先生在其寓所召宴，同席金大使、谷鳳翔、邵毓麟、汪孝熙、汪公紀、王季徵。

中午十二時為出版計劃宴請程天放、陳雪屏、王雲五、周鴻經、張廷休、吳俊升、劉季洪、何子星。議決成立中華文化出版事業委員會，天放、雪屏、周鴻經、王鳳喈、王雲五、劉季洪、何子星、張道藩、蕭自誠、崔書琴、張其昀。

下午三時大陸地區工作指導委員會第 23 次會議。

上午十時三十分總統府會談中日和約問題。我國當初立場為內容相同，同時生效。

總裁指示：一、應有所表示，願意對日開始談判，宜于速決；二、條約生效在多邊條約之後不必去爭；三、和約草簽應在多邊生效之前，否則生效以後亦可；四、美國要求其參加談判，至少，要出席旁觀（觀察者），美國責任不容其解除，要始終與聞其間；五、可透露政府派張羣為代表之意，以資鼓勵。

　　葉：所謂多邊成立云者，指遠東委員十二個國家有半數（包括美國）批准之意，我國不能使

美國陷于孤立。

王寵惠：不宜加重美國困難，若干枝節問題無關
宏旨。

下午五時三十分，葉部長出席報告和約。吉田發表
此函，由於美國用壓力。日本國內情況，對我簽字並
非普遍意願。此信邱相看過，但發表時美國未徵英國
同意。

彥棻：屢次讀到公超外交談話紀錄，表示欽佩。

道藩：不幸中之幸事。

葉：吉田內閣靠英國支持他。

正綱：大戰以後，英人感覺我國對英外交不僅冷淡，
而且感到侮辱。

虛白：此事為外交上最大成功，來台以後最足興奮
之事。

自誠：亦認此為外交勝利。

葉氏聲明要點：一、過去誤會得以廓清；二、日
本明顯反共表示欣慰；三、歡迎日本協助聯合國制裁
侵略。

1 月 19 日　星期六

提要

雪屏談組織之流弊

區黨部委員聯席會議

金世保來台

下午二時卅分本會區黨部假圖書館舉行第三次各區

分部委員聯席會議。＊

　　正午十二時第一區黨部直屬第二小組第十六次會議，羅志希主席，陳雪屏專題報告，谷正綱社會調查報告。＊＊

　　周鴻經、張廷休、吳俊升、劉季洪假正中書局宴客，談基本讀物書目問題，方東美發言，語長心重。

　　陳固亭君贈我「日本新憲法釋義」一書，原著者日本美濃部達吉。王雲五贈其所著「一九五二年之世局」。

　　＊本會區黨部各小組以開九次會者為最合標準。

屠義方：台北市監獄政治犯施教，頗收成效。請求發
　　　　表講稿。

張振宇：論文比賽將發獎金。

陳雪屏：把台北市黨部健全起來。

芮　晉：基層浮得很。區黨部將成為改造之泥足，區
　　　　黨部專任幹事必須設立，全年需費 130 萬。
　　　　名與利。

熊文銘：增加一個工作同志不能解決問題。

沈嘉生：工友同志。

＊＊陳雪屏：目前各組關係，分工有餘，合作不夠。
　　　　　分工必須合作，否則組織打破以後，成為
　　　　　支離破碎的情況。組織應該是全盤的，合
　　　　　作要加強，否則組織領導是空的。以農、
　　　　　工、文教分組也是一方式。

　　李士英：政治通報，小組不重視。毛澤東說「集
　　　　　中起來，貫澈下去。」

美國猶太籍退伍軍人協會會長金世保（Paul Ginsberg）

來台（會員八十萬）。

春明書店出版新名詞辭典，一九五一年六月增訂本，平裝三萬七千元，分為十部門：國際、政治、經濟、歷史、地理、社會、哲學、文藝、科學、人物。

上星期反省錄

購買公文皮包二隻，今後對文件收藏整理更應使之井井有條。

黨務及國際政治之重要札記，現已開始，應持續為之，以便稽考。

台灣省黨部書記長之人選，未如預期，以後在人選未決定前，尚須審慎。

福建海岸發現敵機，防空方面應加注意。

吳主席自稱辭職原因，一非為健康之故，二非鬧意氣，三不攻擊他人。致陳、吳不睦之由來，由於蔣渭川之任用，而此事之先未與各方諮商，實嫌輕率。古所謂重臣，謂遇事必須慎重出之也。

總裁對立委黨部委員之責難，與事實不盡相符，可見報告必須詳實，亦可減少領袖之憂煩也。

女子中領袖人才太少，亦由於學業上不求長進之故歟？

日本記者三人來訪，余與之暢談中日關係之前瞻，並引岩永裕吉之言為証。

匪諜對我黨之批評，若干觀點深為錯誤，吾黨不宜輕信之。

本星期預定工作課目

向總裁報告韓國金大使請題字及召見。

黨史兩冊分贈美國友人。

請本會區黨部論文比賽得獎諸同志聚餐，應作講評。

工作會議應討論本會工作檢討問題。

發宓汝卓君稿費，寄陳彝壽譯稿，復孫陵信，復蔣廷黻信。

訪問張烔、楊一峯、潘廉方、許世英、王寒生。

籌組文物學術團體。

邱吉爾在美國會講辭譯出。

請湯元吉撰述 T. V. A. 論文。

黨史概要上冊，國防部新中國出版社來徵同意，代為印行（售價八元五角），宜查詢。

為俞勗成事致函俞鴻鈞。

對本會總幹事與專門委員應加考核與接近。

1 月 20 日　星期日

提要

吳主席暢談政治經驗

張忠道逝世

張默君函：「張忠道性齋先生為最欽佩賢者之一人。」

中國一周 91 期載「重工業的興起」一文。

吳主席（星四晚上）

吳：國事至此，再談個人恩怨，不配做人。軍法
民法之關係。情報人員流弊似反使人民敢怒
而不敢言。我之貢獻在使台灣人不怕我。軍
法辯護制度之確立。欲加之罪，何患無辭。
我是基督徒，判刑時說：「主，請你饒恕
我。」主張匪諜自宜從嚴而非從寬。軍法、
民法之劃分為爭取民心之要著。或謂訴諸民
法不夠嚴不夠快，如此均可改良。我對財政
經濟感覺沒有辦法。去年四月以來實行新經
濟政策，五月底即有秘密發行，七月又出
問題，九月減政。預算問題經過幾個階段：
（一）最無辦法，短六億；（二）做預算，
二億六千萬相對基金（Counterpart Fund）撥解
中央，尚差三億；（三）現在預算：1. 簡政辦
不了，減一萬人，祇得五千萬；2. 動用黃金
不可能；3. 加稅影響物價，寢饋不安，財政
經濟沒有掌柁的人。捲煙加價壓了三個月（當
初舊參議員不負責，新的沒有產生，是加稅
的好機會）。外匯管制我贊成，但現在管制
是否合理？西藥前年用了 390 萬美金，去年
結匯達 690 萬，西藥房自 300 家增至 500 家。
優利存款一億四千萬，台灣叫好，但工商業
缺乏資金，減息又不可能。外匯雙重本。獎
勵進口而不獎勵出口，雖然擁有外匯，而頭
寸天天不夠。生產萎縮，稅源枯竭。四百萬

農民、一百萬公教人員，購買力沒有。寫了三封函，我要辭職。經濟並無錦囊妙計，人人言之成理，要看事實如何。今天准我去，我還是要研究。去年生產增加、美援增加，要不然台幣會變成金圓券覆轍。要之應以生產與貿易為中心，而不以金融外匯為中心，第一注重貿易。目前毛病是「外匯限制了貿易頭寸，妨礙了生產」，補救方法想不出了。陰曆年關發行恐須增至六億，一則通貨膨脹，物價高漲，否則物價回跌，購買力低落，稅源枯竭，一片不景氣現象，三十六計走為上計。經濟月刊載「新年新希望」一文，為台銀所不喜。七月中動員計劃我真正細心研究，有勇氣去做，十月初旬總裁命令我做，就不敢了，積重難返之故。「為政須有先見」（to foresee, to govern），要有一個觀念、一個執行。財政小組無執行權。

谷正綱： 兩種矛盾現象，一面保護佃農、扶植自耕農，一面地主把持了議會。美援援不到國家，卻援助了少數人。徐柏園頂聰明，大陸上檔案沒有丟。增產要能有出去，節約要能不進來。

胡健中： 應著眼於制度及事權如何統一、如何劃分。

1月21日　星期一

提要

考試委員宴請，談提任官等問題

丁驌來函

　　下午六時半考試委員（陳逸松、張默君、張忠道、黃麟書、張儐生、盧毓駿、艾偉、盧建曾）在台北賓館宴請。＊

　　總裁：默君言辛亥年見總理，總理舉「博愛大公」四字以勗同志。

　　上午十時研究院第十六期結業典禮。正午十二時會餐，宣讀院長訓詞「對推行反共抗俄總動員運動的提示」。

　　下午三時第 281 次會議。

　　台灣省議員劉啟光來訪，謂本屆議員有缺點二須加注意：一、若干議員對中央地方觀念不正確；二、對省府有要索情形。

　　國大代表葛崑山來訪。

　　總裁指示：三十五年以前曾到過基隆。總理曾說：有三百幹部便可使革命成功。「三人同心，可以立國」。

　　宓汝卓君譯就林三郎「太平洋戰爭陸戰史綱」，計十四萬七千字。

　　＊既不容有等外之官，復不應有法外之等。美國大法官之待遇僅次於副總統，地位崇高，為文官之最。考試院兼採首相制與委員制。中國取英美所長，兼沿歷代舊規，故考試院職掌包括人事整體，政務官自英美以

至我國皆無分級之制，復無資格考績之限制。以提任、特任明白合列為同一官等，較覺妥便，提任憲法規定為四十二人。

丁驌來函（一、十九）：「中國地形一稿，迄今十有五年，一再修訂，最近亦略有增損（惜無台灣一章），圖幅增至百餘，照片則代以素描，如獲印行，乃驌畢生一大樂事也。前此四本均有自序，此次付梓，擬懇鈞座為之敘跋，則增光無限矣。本年世界地理學會，晚擬提出論文三篇，均為新疆者，討論其地形人文地理及自然植物，如赴南美，即可出席。」

1 月 22 日　星期二

提要

鏡兒來函，碩士論文通過

總裁主張在美國辦英文報

宣傳會談討論中日和約

日本通史交正中漢譯

秘書處全體同志聚餐

上午十一時宣傳會談。＊

下午六時秘書處全體同志聚餐，共八桌，余與谷副祕書長致詞。菜八菜一湯，120 元。

李大明（一、三）讀蔣介石告僑胞書之後：「召集復國會議，分二步驟，預備會與正式會，軍隊歸還國家，改組政府，個人進退以公意為依歸。」團結的先決條件（一、四）：「諸君今日也要忘卻你的才高望重，

你不看集中營裡，強迫洗腦，才高已無處用，德劭亦無人尊崇。」

下午三時第六三次工作會議，通過房屋建築費，追加預算四三二、○○○元。

鏡兒一月十四日函：「明年可不必留克拉克，至於是否轉學哈佛，是尚未決定。系中師長以為最好能儘速趕完博士學位，明年留於校中準備口試並撰寫論文。轉學哈佛則可攻讀與地理有關之功課，使基礎較為廣博。此間之口試論文可以同時準備。碩士論文初稿已通過，待修正。校中定下星期開始大考，寒假約有一週。」

第二組函以據特種黨務視導各組綜合反映下級意見，有關本黨理論建議，稱陶希聖同志所著中心理論綱要，大多以共匪路線來說明本黨路線，似未能從本黨本身立場（歷史與主義）出發產生理論，似應修正等語。

汪偽時代之教育部長趙毓松向張發奎所作之工作報告，謂第三勢力謀在東京中華民國復興大同盟。

＊蕭自誠：對日和約取冷靜期待之方針。

　曾虛白：日本今年五月大選，眾議院議長林讓治兼任
　　　　　東方文化協會會長，對總裁寬大深表感激。

　葉部長：蘇聯違反中蘇條約即破壞世界和平。

　總裁：應在美國辦英文報。

　張　羣：日本目的在使多邊條約生效，日本恢復主
　　　　　權。我國不可希望太高太多。目前日本表
　　　　　示姿態，做得很像，鑼鼓敲得很熱鬧。

　王世杰：在草簽以後，正式簽約以前，可能先建外
　　　　　交關係。

　　吳士俊來訪，談及願就駐美大使館文化專員，但此事進行尚有困難。

　　日本通史交正中書局漢譯。

　　立委郭紫峻來訪，談地方自治通則。

　　陳逸雲來訪，為其姪女陳泗橋赴美留學作一介紹信。

1 月 23 日　星期三

提要

招待國大黨團幹事會

杜勒斯

　　上午九時台北賓館舉行國民大會黨團幹事會第二次臨時會議，商討彈劾案，中午聚餐，余致辭，略謂近三年來時局可分為三個階段：一、風雨飄搖；二、沉機觀變；三、重建旗鼓，每一階段國大代表均有重要之貢獻。賈景德致答辭。

　　邱吉爾在美國國會演說全文，請中央社譯出。

　　復鏡兒信：「轉學哈佛一事必須獲得系中教授之贊同，否則不必亟亟。余希望吾兒能在外國三年以上，除學理外，希能注重歷史與文學，俾能勝任由漢譯英之工作。今後欲增進中國與世界之關係，此項工作極為重要，但須俟博士學位完成後，再行研精文史可也。又此項工作並不妨礙地理學之深造，但以吾兒之體力論，仍以在人文地理發展為宜。」

　　雪屏告我，決定請秦大鈞為工學院院長，已徵得吳主席之同意，本想請凌鴻勛，不願就也。

下午三時第 282 次會議，討論總動員運動案。

胡健中： 黨在前面領導，後面推動，並在裡面發生核
　　　　心作用。

讀總裁三十三年日記。

顧大使電：「杜勒斯續出席參院外交委員會，陳述
意見：中國不致永為中共所統治，美對中國大陸所持之
失敗消極態度，應即改變，轉換積極政策。此項新政
策，業經國務院擬就並經杜總統核准。經美與日、菲、
澳過去所訂之安全公約，將增補擴充，以加強太平洋防
務，但無如大西洋公約組織之計劃。」

1月24日　星期四

提要

留日華僑歸國團

　　　　下午二時結業研究員研討會第一期課程小組會議
（貴陽街），議決講題內容：1.匪區動向；2.中心工作；
3.四項改造（與總動員之關係及實踐辦法）；4.及各項
根本問題。

　　　　下午六時卅分，第三組歡迎留日華僑歸國觀光團
（台北賓館）。團長林以文，留日華僑聯合會會長，年
三十九，台中人，團員二十八人，顧問陳清文。

　　　　上午十時第二八三次會議，討論總動員運動。

張厲生： 黨任倡導宣傳訓練推動。

吳國楨： 中央規定不宜太具體，限田政策補償地主一
　　　　部分現金，起碼須三億元，擬向世界銀行借

　　　　　　兩千萬美金。政府改造運動要處處從人民的
　　　　　　便利著想，不要只講政府的便利、辦公人員
　　　　　　的便利，上級予下級以便利，下級予民眾以
　　　　　　便利。簡化公文，減省手續，風氣改變，人
　　　　　　民歸心。提倡法治足以號召。人民擁護，內
　　　　　　外均可號召。

蕭自誠：不能離開實際政治來談號召。

崔書琴：我們一定要做了再說，不可說了不做，故當
　　　　注重先後的次序。

　　顧大使廿一日電：「英保守黨政府，一時不致撤消
承認中共。對日和約須六國批准方能生效。」

　　省黨部對台東縣長選舉，擬不公開的支持吳金玉參
加競選。午五十六，台東人，曾任縣黨部書記長、縣議
會議長。

　　吳化鵬主張採取考選制度，以加強幹部訓練，俾求
忠貞純潔躬行篤踐之士，予以選拔受訓。

1 月 25 日　星期五

提要

鮑爾溫

中共思想改造

　　上午十時軍官訓練團第十期結業典禮。

　　下午三時第二八四次會議專案討論匪情，「中共的
思想改造運動」。

　　下午八時請徐柏園報告當前金融外匯及有關財經

情形。

胡健中： 一、揭露共匪對思想暴虐的極權統制，使自
由中國學術文化教育各界，對匪獲得澈底之
認識，肅清對匪可能殘存之幻想。二、使自
由中國學術文化教育各界，及本黨同志，改
造思想觀念與作風，俾與反共抗俄之國策，
及三民主義革命之要求切實配合。三、創造
一個新文化，以為復國建國之基礎。黃色刊
物與紅色刊物一樣危險。

崔書琴： 大陸淪陷已經兩年，但讀書人內心未變，拉
斯基世成毀滅的對象。

胡： 紐約時報鮑爾溫論大戰的餘談，無條件投降
之觀念使德國政府議會完全瓦解，否則今日
世局尚不致此。崔委員工作（指大陸學人自
白書一節）非常有貢獻。

道藩： 本黨真夠民主自由，過去受了許多冤枉，但
也有許多不必要之事，如大學教授出國講學
之前須來受訓。我們有許多自己同志毀壞自
己的黨，人家拿我們自己的話來辱罵我們。

第七艦隊司令馬丁中將（Vice Admiral M. Martin）
來台，謂：「台灣係第七艦隊協防區域之一部分，余
之來此訪問，實乃理所當然，但吾人為處理韓戰，備極
忙碌。」

1 月 26 日　星期六

提要

論報人四長

朱煥彪函

　　上午十時舉行冬令講習會，舉行第一次講習委員會議，由萬耀煌召集。

　　為中央日報撰述「論報人四長」一文。

　　國際問題研究委員會第二十八次（一、廿二）會議紀錄：「何團長有電報告，中日雙邊之簽訂，尚有不少困難，我方報紙所載過於樂觀，宜持冷靜態度。各委員討論所得結論：對雙邊和約之進行簽訂，即令有十分成功之把握，仍不妨以適度之輿論，評責政府交涉之不圓滿，以為外交人員與日本交涉之聲援，藉收呼應之效。」

　　下午三時半在政院長官邸舉行對日和約問題座談會。＊

　　上午九時舉行小組會議，審查總動員運動綱領草案，余主席，十時半偕崔書琴赴總統府向總裁報告。十二時散會，推陶希聖整理。

　　朱煥彪函：「煥彪奉令免去最高法院檢察署檢察長之職，值茲戡亂時期，不願以個人去留持法律之論，業於四十一年元月二十三日交卸，惟為司法計、為國家計、為尊重憲法計，又不敢緘默。用去臨去之時，上書司法行政部長林佛性先生略進忠告，冀其尊憲於來茲。果蒙採納則誠司法之幸，亦國家之幸也。」

＊文件△【五】種：外交部為研擬對日雙邊和約呈陳院長文、中華民國與日本間和平條約草案（英譯文）、中華民國全權代表致日本會議代表照會稿、金山對日和約譯文（原文）、中日雙邊和約初草與金山和約條文對照表。

上星期反省錄

此次中央募集黨費，湯元吉君率先倡導由肥料公司捐助二十萬元，深得總裁及中央諸同志之嘉佩，而此次捐款係得之於增產，尤足見其工作效率之進步。至其出版叢書數種，不特於工業管理可資借鏡，而於一般公務處理亦有裨益。

「中國國民黨黨員守則淺釋」實為良好之讀物，此書由總政治部出版，作者為誰應加注意，此類人才宜多予聯繫。

總裁對反共抗俄運動綱領草案批示：「此件太空洞無物，每次必須指定一、二事為必須實行之目標。」由此可見總裁如何注意實際，以後起草文件應隨時留意及此。

林獻堂在日本捐助黨費萬元，派其二子送至黨部。此事令人興奮，此乃本黨復興與台人愛黨之一徵也。

對民權初步尚須細細研讀體會，俾以後主持會議不致發生錯誤，並予到會者以愉快之記憶。

本星期預定工作課目

妻之誕辰。

鮑爾溫譯文，向胡健中借此書。

劉球業請介紹工作。

為韓國李總統題字。

與企止談立法委員黨部事。

舉行中華文化出版事業委員會。

起草黨史講述提高。

熊文敏同志有見解，對視區黨部為勞資關係者有正確之抨擊。

中華日報有署名力齋者，當查詢其真名。

曾虛白資本主義之變質一文。

對中國一周之青年作家應加聯繫。

有關現代史料之重要著作應設法介紹，以供黨史之取材。

【原稿缺 1 月 27 日至 30 日，依張行蘭抄錄本補錄】

1 月 27 日　星期日　陰曆元旦　壬辰元旦

精神教育提要：本書所研討者為中國教育之根本政策與方針，內容遠溯中國教育哲學之精義，近採國父與蔣總統有關學術文化之訓示，參以歐美現代教育學說，博觀約取，萃於一編，其中心思想乃為如何以教育方法達到國家獨立與民族復興之目的。作者在大學任教二十餘年，對當前教育上之重大問題，多能就高深之哲理，作透闢之觀察，對大學生之任務與思想界之職責，尤多語重心長之陳述。目前世界上最大之亂源，實起於思想之危機。而欲挽救世局，鼓舞人心，在今日中國必須從發揚人類本性與民族精神入手，本書對此確有甚多之解

答與啟發。全書包含論著三十五篇，共二十萬言，以清新之文字達崇宏之學理，為最近教育界之一重要貢獻。

壬辰元旦青天白日滿地紅國旗，在港九各地到處飄揚飛舞。

中國一周第九二期刊載「水利工程與交通運輸」一文。

楊錫福壬辰春節呈曉公師座：「復興從寶島，大任在吾師；梅柳新春早，中原望國旗。」

吳鐵城：「韓國李大統領承晚（字雲南）長於漢字，詩文俱佳，向與我國時賢交遊，所藏墨蹟甚多，年前於漢城戰△中遺失無存，囑為代求法書，以資景仰。」

外交部電駐美大使館並轉駐紐約總領事館：「向維萱控美洲日報損害名譽事，希予該報以必要協助。」

邱相在美國國會演說，由中央社編譯部林徵祁君譯就，送中國一周刊登。

1月28日　星期一
提要

補假一天

記徐柏園金融報告

徐柏園報告：外匯收支狀況、外匯手續問題、外匯匯率問題，各有理由，各有利弊，利之中取其大，弊之中取其輕，俟情勢許可再為適當之調整。公營事業不應向民營事業看齊，因公營事業有貸款便利，利息尤輕。自備

外匯意即自由外匯，外匯存在那銀行要有
登記，外匯所買東西要說明其用途。西藥
也是戰略物資，要防止走私到大陸，必須
加強管制。外匯應否管制？其他各國都管
成了通則，否則將大量套匯到大陸。況目
前是戰時，但管理方法、△△與機構須研
究。優利存款去年從二千萬增至一億五千
萬，代表資金集中的趨勢，對信用有信
心。美國人監察我們銀行的放款△△發
行情形，去年底五億九千四百萬（限內
二億，限外二億四千萬，△外四千萬，輔
幣二成），其中六月增五千萬，十二月增
八千萬，昨天增五千萬，發行情形不算
增。三十八年三倍半，卅九年百分之九十
八，四十年百分之 51，今年預測百分之
卅。（卅九年化了一百三十幾萬兩黃金、
二千多萬美金，共計耗費六千五百萬美
金。去年用了四百萬美金，黃金未用。）
物價總指數增加 52 %（據省政府主計
處），其中應籌 116，米 37 %，生產已有
進步。今年估計外匯收入一億三千萬，比
去年增二千萬，進口估計一億元，物資進
口估計一億八千萬，打破過去紀錄。物價
不會大波動，只要物資供應充分，預算平
衡並控制著發行，想可克服危機。工商界
目前威脅，物價每月 2 %、利息 7 %，虧

> 本，投機事業的倒閉，政府無法救濟。不
> 能因敷衍他們害了公務員。
>
> 連震東：生產增加，發行一定要增加，不必十足準
> 備，比例準備好了。
>
> 徐：台灣五行庫比大陸上規矩多了。
>
> 谷正綱：西藥管制未善，使人民怨恨。
>
> 徐：陳院長拉緊預算，不知道得罪了多少人。
>
> 胡健中：發行已增至六億多台幣，貼價三分之
> 一。人事矛盾問題由於政策本身問題。
>
> 徐：影片進口，每月上萬美金。

1月29日　星期二

提要

蔣君章調研究院

省黨部人事

　　上午十一時一般問題會談，未舉行。下午三時第
285 次會議。

　　萬耀煌一月十八日簽呈：革命實踐研究院研究部主
任李壽雍辭職，擬調蔣君章任專任講座。總裁批准李辭
可也，蔣如調任講座，其第四組副主任應先物色替人接
辦為要。交余核辦。

　　張岳軍先生來函：「鄭爾璸女士係留美返國，久任
教職，品學兼△，艱苦來台，擬遞補四川婦女立委趙懋
華之缺。」

　　張君勸在印尼主張華僑應成為印尼公民，並積

極參加印尼建設及政黨活動。又謂：「蔣先生直到最近，總沒有對於國民黨以外的反共勢力予以繁榮茁壯的機會。」

程中行信（去年十二月十五日）：「竊以吾黨文士今日可做之事甚多，黨內如何組織運用，公等或可注意及之，其重要不在軍國大計之下也。」

蔣君章奉調革命實踐研究院專任講座，其原任四組副主任職務暫由李副主任士英兼任之。

省黨部人事：吳春晴辭書記長兼職，遺缺派詹純鑑。△秘書請調本會幹部訓練委員會總幹事，梁興義為該會秘書，原第二組總幹事張銘傳調回中央服務，遺缺調本會第一組專門委員涂少梅繼任。指定范澤山為財務委員會常務委員。

1 月 30 日　星期三

提要

妻之五十誕辰

大陸工作預算分配

總裁對總動員運動的批示

下午三時第二八七次會議，大陸工作事業費預算迄未解決，余表示願與財委會商洽，增列全年五十七萬元，計二組廿五萬、三組十五萬、四組十萬、七組七萬（香港時報）。又上一年發本會外匯款，計列港幣二百另二萬元。

　　本會二簽呈：

（一）檢呈民生主義現階段經濟政策與社會政策綱目，
　　　祈鑒核示遵。總裁批「可」。
　　　重要批語：徵收荒田、荒山限期墾植，踰期沒
　　　收，應歸公有。將來收復大陸時銀行制度與商
　　　業銀行是否准其存在，如其存在，應如何限制
　　　與管理。
　　　加點者：獎勵造林，厲禁濫伐；農業運銷，提
　　　供合作經營，改進運銷組織；登記失業人員。

（二）總裁批「反共抗俄總動員運動綱領草案」：
　　　此件太空洞無物，每項必須指定一、二事，為
　　　必須實行之目標。「經濟改造」此可參考前所
　　　定之經濟建設活動綱要，實施限田政策，應提
　　　倡國民義務勞動，養成奉公服務精神。「社會
　　　改造」此應多採新生活運動與軍人讀訓淺說內
　　　最具體辦法幾項為標幟（五、友愛鄰里句改為守
　　　望相助），清潔、整齊、簡單、樸素為目標，以
　　　地方組織與政府督導競賽評判出之。「文化改
　　　造」此應多參考黨員守則淺說內最重要幾項，
　　　注意青年尚武與民主精神革除封建與自私之惡
　　　習。「政治改造」執行行政三聯制，實踐分層
　　　負責，提倡分職考試制。

　　施之勉贈其所著「古史摭實」，華岡出版社（五
元），錢賓四序之。

1 月 31 日　星期四
提要

起草黨史講述提要

林獻堂捐款

大陸廣播

　　上午十時第 288 次會議，討論青年救國團案，企之主席。

陳誠：學校課程繁重，學生消化不了。黨政工作要有
　　　重點。

　　上午十二時半，張道藩為柯克先生與夫人餞行（廣播電台內）。

　　林獻堂公子雲龍（南華化學工業公司董事長、省議員）、猶龍（台中商業銀行常務董事）奉父命偕丘念台來訪，捐助黨費一萬元。

總裁批示（本黨考試政策方案）

　　公務人員候選人與民意代表候選人，皆應經考試或檢覈銓定其資格一點特別重要，應注意。又職位分類制亦應速訂為要。又（後期訓練實際問題）「未研究設計者應速限期設計，已研究設計者從速呈閱。」

　　中國廣播公司為加強反共抗俄廣播宣傳，與美西方公司合作（本公司與政府之關係，原計有合約，完全為政府服務，所有職工待遇及事業費，年為 143 萬元，均由政府補助）。自共匪在大陸禁用短波後，短波所能發生之作用，即已甚微，實有賴於中波廣播。四十年春間

美國西方企業公司（Western Enterprises Co., Pittsburg）曾派代表來台，商洽合作辦法，十一月復派遣專家兩人來台，確定協助改進之具體計劃，專向大陸廣播。電力所及自兩廣迄東北，一面收聽大陸及鐵幕國家之消息，隨時加以研究並分別駁斥。最近該公司董事長莊士敦（C. S. Johnston）來台，經于本月廿一日雙方會商，交換條件為三年內彼方無代價每日使用六小時，專作反共抗俄之節目宣傳，其餘時間均由我方自由支配。彼方負擔 40-70 萬美元之譜，「凡在台灣境外需用美元支付之各項費用，均由西方負擔，在台灣境內需用新台幣支付之各項費用則由我方負擔」。

中華文化出版事業委員會

程天放　陳雪屏　張道藩
蕭自誠　崔書琴　周鴻經
劉季洪　何聯奎　張其昀
常務　張、程、陳

出版委員會	蕭自誠	劉季洪	王雲五	葉溯中
	張廷休	趙叔誠	姚志崇	連震東
	李鴻球	狄膺		
編審委員會	崔書琴	錢穆	董作賓	王鳳喈
	吳俊升	周鴻經	錢思亮	薩孟武
	毛子水	陳紀瀅	陳可忠	林熊祥
	梁實秋			

理論研究委員會

十三人　四十一、二月

召集人　陶希聖　曾虛白　羅時實

委　員　蕭自誠　崔書琴　崔載陽　張默君　張其昀
　　　　羅家倫　唐　縱　李壽雍　蕭作樑　方子衛

中央直屬各知識青年黨部擬定競選主任委員候選人名單

一、傅啟學

二、劉真

三、林一民

四、葉東滋（工學院代理院長）

五、周一夔（行政專科）

六、上官業佑

司法小組

王寵惠　王世杰　張其昀

張道藩　洪蘭友　余井塘

林　彬　趙　琛　谷鳳翔

全國性民眾團體及負責同志名單

（甲）職業團體

中華民國律師公會 全國聯合會	江一平 戴天球	開封街二段五號	
中華民國全國總工會		中山北路二段 16 巷 12 號	電 5213

（乙）社會團體

中國大陸災胞救濟總會	方　治	南海路五十四號省議會內
聯合國中國同志會	梁大鵬	泉州街十五號
中國天主教文化協進會	郭鴻群	羅斯福路三段 250 巷六弄八號
中國文藝協會	陳紀瀅	台灣廣播電台
中國社會行政學會	余蒸雲	內政部
中國合作事業協會	陳岩松	建國北路十二號之一
中國回教協會	馬　策	麗水街十七巷二號
中國人事行政學會	羅萬類	銓敘部轉
中國工程師學會	費　驊 凌鴻勛	
中國考政學會	李飛鵬	考試院
中國土地改革協會	劉岫青	
中國社會學社	謝徵孚	
中國教育學會	鄭通和	教育部
中國藥學會	梁其奎	青島東路十號
中國民俗學會	婁子匡	南京西路四二〇號
中國佛教會	李子寬	南昌街二段一四〇號
萬國道德總會	尹子寬	重慶南路三段覺修宮
中國宗教徒聯誼會	李子寬	中正東路一段十九號善導寺內
中國社會工作協會	劉振鎧	愛國東路一四〇號
中國地方自治學會	李宗黃	牯嶺街九巷十七號
中國憲法學會	黃天鵬	和平西路一段七十八巷二弄廿一號
中國水利工程學會	沈百先	永康街十七巷六號
中國拳擊協會	張邦傑	大昌路一段卅一號
中華全國體育協進會	郝更生	新竹西門街一四七號
中華醫學會	盧致德	水源地國防醫學院
中國電影戲劇界反共抗俄協會	胡偉克	
中國美術協會	胡偉克	

直屬區黨部四十一度中心工作計劃

（一）健全基層組織，發揮實踐精神。

（二）督導黨員研讀工作，並加強研究匪情。

（三）輔導地方基層組織。

（四）發動防諜保密清查運動。

【原稿總裁批示錄 1 月 30 日至 4 月 19 日，未按照順序排列。為便利閱讀，將此部分按時序排列，分錄 1-4 月篇末】

總裁批示

1 月 30 日：考試政策，公務人員候選人與民意代表候選人皆應考試或檢覈銓定其資格一點，特別重要，應注意。又職位分類制亦應速訂為要。

蔣君章調研究院服務，應就調副總幹事成績優秀者擇任，以後中央黨部應多提拔青年同志為用人之原則，該組副主任缺希依此推薦呈核可也。

2月1日　星期五

提要

中央日報廿四周紀念刊余「論報人四長」一文

冬令講習會開學

總裁批示

　　下午一時三十分至三時二十分，冬令講習會（陽明山）講本黨革命史略。谷正綱為講習會主任，任覺五為副主任。

　　上午十時總統府大禮堂舉行國父紀念月會。上午十時本黨冬令講習會舉行開學典禮。

　　下午三時專案討論社會調查報告。第 289 次會議。

　　下午三時至六時復興省動員演習，在圓山軍訓團舉行。

　　下午八時 290 次會議，專案討論反共抗俄總動員運動綱領草案。

　　六組報告：「自張君勱公開發表詆譭政府、標榜第三勢力之言論後，該黨在台分子亦公然在黨內宣傳呼應。張現已自印度經暹羅、印尼，抵達紐西蘭，晤張嘉璈，將稍事勾留，即啟程赴美。其去美後言行及爾後動向，至堪注意」。

總裁批示

　　蔣君章調研究院服務案：「應就調訓總幹事成績優秀者擇任，以後中央黨部應多提拔青年同志為用人之原則，該組副主任缺，希依此推薦呈核可也。」

又「吳春晴仍留本會工作案」：可在本會工作同志調院受訓成績優秀者中，擇提派用。

季源溥送來台灣地區對匪鬥爭工作總結文件一種。

【原稿缺 2 月 2 日至 3 日，依張行蘭抄錄本補錄】

2 月 2 日　星期六

提要

黨員大會

中日和約

文化出版事業委員會第一次會議

上午九時至十二時半動員演習。

正午十二時直屬第二小組第十七次會議，主席郭澄專題報告，李士英社會調查報告，谷正綱高雄工人問題，以是非來處理。

下午二時半假女子師範禮堂舉行第二次黨員大會，余致詞。後舉行第一屆論文及文藝競賽贈送獎品、工作報告、工作檢討。

本會中央直屬第一區黨部，自上年八月成立正式黨部，計有區分部十一個、直屬小組二個、小組四十五個、黨員人數四萬六千人。

下午六時留日華僑聯合總會林以文在蓬萊閣宴客。

六時武昌街一段十八號立法院俱樂部，南高同學聯誼會。

六時半舉行文化出版事業委員會第一次會議，並備

便餐，到蕭自誠、崔書琴、何聯奎、劉季洪、程天放、
張道藩、周鴻經，余主席，宋晞紀錄，通過組織簡則：
（一）本會以刊行行△中外重要典籍，發揚民族精神，
　　　吸收世界各文化為宗旨。
（二）本會任務為選定書目、審查稿本及與出版之聯
　　　繫，以助其印行。
（三）本會設委員九人至十一人，以會議方式處理本
　　　會一切重要會務。
（四）本會設常務委員三人，由各委員互推之。
（五）本會得因需要，附設各種專門委員會，並酌聘
　　　職員。
（六）本會辦事細則另訂之。
（七）本簡則如有未盡事宜，得由委員會議決修改之。
　　　對△獄政治犯宣傳工作成效頗著。
　　　昨日美國大使館參事來外交部見胡次長談話。
胡：吉田首相在其致何團長之照會中係用「一項將結束
　　戰爭狀態並重建正常關係之雙邊條約」字樣，我方
　　在復照中，或將言明中國政府了解此等字樣，即係
　　「和平條約」而言。

上星期反省錄

　　對人態度，不亢不卑，落落大方可也。
　　涵養功深，則喜怒不形於色，決心要堅強，無不結
之事，無不復之信。
　　不必做之事不要去做，以節省有限之精力。若干會
議不必參加，或請人代表。

姿勢應時時注意，不可有萎頓之狀，隨時行深呼吸。

日記為進德修業之利器，宜隨時攜帶，以備撿考。

隨時整理衣服與儀容，以鏡子照自己。

對人無論如何不必露出不耐煩之顏色。

講話時的聲調與容顏均相宜注意。

開會時宜多聽少說，並宜深思熟慮，而後再說。

對人要同情的瞭解，一本至誠與人為善，則與人無忤矣。

出門之前應考慮必需攜帶之物品。

本星期預定工作課目

蔣廷黻在聯合國文件應否印單行本。

阮毅成託余進行大法官。

印行中國國民黨在海外一書。

中華日報紀念文。

新華半月刊，人民出版社，1951 五月號。

楊靜編著，東北訪問錄，生活讀書新知三書局。

應催黨史史料委員會委員名單。

應搜集匪區出版之書籍刊物。

託人在日本購有關東北之書籍。

俞勗成君工作俞鴻鈞接洽，約邵祖榮君一談。

金弘一大使請見總裁。

發李德鄰的彈劾書。

胡偉克政工幹部學校三民主義講習班請講「幹部教育訓練之要旨及自修自反的要旨」二小時。二月十九日開學，月底結束。

2月3日　星期日

提要

文化改造三種工作簽呈稿（補）

　　簽呈（一月二十二日）：本會為配合總動員運動文化改造一項，擬著手三種工作，謹列舉如左。總裁批「可」。

（一）學術界的總結合。吾國學術界原有各種專門學會，學科既相當完備，組織亦漸臻健全，惜未有一總機構，藉收綱舉目張之效。大陸淪陷以後，若干團體已遷至台灣開展工作，如工程師學會、農學會等是，但迄今未能恢復者尚多，如政治、經濟等學會是。茲擬督促重要學會從新組織恢復活動，並擬成立全國學術團體聯合會，形成學術界的總結合，而達學術救國之目的。

（二）國際間學術文化之溝通，國民外交可為政府外交政策之後盾，其進行方式不外兩途，一為經濟、一為文化，後者尤為各民族互相△解之基本工作。全國學術團體聯合會之成立，可為國際間學術文化交流奠定其基礎。茲擬繼之而設立國際文化協會，從事於國民外交之活動，並先成立中日、中韓、中美等數組，而以促成太平洋公約之訂立為其總目標。

（三）提倡進修運動，公務員學業上之進修為增進行政效率之必要條件。台灣光復未久，各學校收藏有關國學及人文學科之基本書籍，至感缺

乏。茲擬編纂中國文化叢書一百種（古來最重
要之典籍）、西洋文化叢書一百種（哲學、史
學等重要名著）及現代國民基本學識叢書一百
種，合計三百種，於三年內陸續編訂印行之。
此項書目已經約請專家多人擬其初稿。預定本
年度先出百種，一切具體進行計劃亦經詳為擬
定，並以徵求定戶之方法供印刷之費用，無須
政府補助經費。為主持此項編輯印行及與各書
局聯繫起見，擬設立文化出版事業委員會，設
委員九人（程天放、陳雪屏、張道藩、蕭自誠、
崔書琴、周鴻經、劉季洪、何聯奎、張其昀）
負責推進。

中午汪煥章、沈友梅請客，因事未往。

2月4日　星期一

提要

大法官問題

張道藩提名為立院院長候選人

上午九時二月份聯合紀念週。

中午十二時餐敘，參加視察訓練機構暨巡迴訓練各
組主任及各同志。

下午六時本會假光復廳歡迎四十一年度全省農民代
表，余與于院長、谷正綱、倪文亞及章嘉活佛先後致
詞，農民代表彰化陳夢花致答辭。

上午十一時一般問題會談＊，出席者陳誠、張羣、

王世杰、黃少谷、張其昀、張道藩、谷正綱、鄭彥棻、
袁守謙、陶希聖、洪蘭友。

下午三時第 290 次會議，葉部長外交報告，目前局
面緊張而混亂，吉田致杜勒斯書並無和約二字。「你來
是簽約的，否則不必來」，我們只有一張牌，名稱、內
容都是和約。日本議會過半數反對與我訂約，美人希
望日本不再辯論，我想日本定會接受，否則日本政府會
倒，這一關可以通得過。我國如不簽和約，美國終有責
任。弱國外交方式，人事最為緊要，尤其與日本人辦交
涉要特別注重辦選舉之對手，應以對日和約小組為核
心，決定以後行動與辦法。吉田為人沒有政治眼光、政
治風度，沒有希望。報紙論文題目緊要，要使美國人看
了覺得觸目驚心。據說美國參議院主張在中日和談未商
定前，不宜通過和約。

　＊總裁指示：大法官應行補任，俾足法定人數得以
開會，俾對憲法上發生問題有權解釋。張道藩同志為獨
一無二之人選，如無其他特殊原因，應即提名為本黨之
院長候選人，不必另行考慮。我政府應堅持如非「和
約」即不簽訂之明確立場。

　總裁：制度化即科學化（指總動員而言）。

2 月 5 日　星期二

提要

鏡兒來信

葉、藍談話

上午九時至十二時（請於八時四十分以前到達會場），假中山堂大禮堂舉行台灣各界慶祝四十一年度農民節暨歡迎全省農民代表大會，未往。

下午五時正中書局編審委員會，六時便餐，未往。

下午五時省農會馬有岳在中山堂光復廳宴請，未往。

下午三時第 64 次工作會議，對防空問題促早進行。

鏡兒一月卅日信：「系中師長以為系中最近規定博士論文需做野外工作，不能如趙松喬、羅開言寫中國題目，則工作繁重，耗時較多（野外工作需三個月左右），最好明年仍留克拉克。大考已于昨日結束，下學期選政治、都市、地文、生物、南美五門，並自修法文，功課極忙。另對人文科學極有興趣，去年暑假曾讀湯貝之歷史研究及蒙田散文等書，但以課務繁忙無暇兼涉，待學位念完後，當致力文史也。」

葉部長與藍欽公使談話（上午十一時）：「此約在實質上及名稱上將係和平條約，而非友好條約，抑關于此次方案且有一項了解，即此方案並不載入和約正文之內，而係另以同意之某種單獨文件出之。余望凡此諸點，均將由席波先生以極明確之詞句轉告日方。」「由於吉田首相近來所作言論，則日本拒絕稱之為和平條

約，適有予人以日方擬在將來承認中共之嫌。易言之，日方之拒絕顯示彼等並不準備衷心採取反共立場，彼等現所欲者係在美國與英國之立場中間，採取一項折衷立場。」藍：「但余不以為在我方不承認中共之時期內，日方能對中共予以承認。」

2月6日　星期三

提要

對日和約小組

英王逝世

　　下午九時在袁公館商談立委遞補問題，未往。

　　中午十二時台灣糖業、工礦、農林公司在中山堂大餐廳宴請。

　　下午三時第 291 次會議。

　　下午六時，雪屏在其家中約請天放與余為文化委員會起草辦事細則，及各委員會召集人之人選（地點大方資料館可借用一間）。

　　上午十二時立法委員黨部常務委員陳逸雲、秦傑、丘漢平來訪，談下列問題：（一）黨員大會請總裁主持；（二）院長問題；（三）立委任期延長問題；（四）馬乘風被抓事；（五）菲律賓訪問事；（六）中央日報排字錯誤問題。

　　下午五時在陳院長公館舉行對日和約小組會議。

　　葉：In name and substance, with; subject to（基於）

　　　　西保與岡崎談話，和約係全面和約，適用于

中國大陸。條約實施範圍用別的方式表示，決不見之於條約正文內。昨晚總統電話命發表談話。日本代表來台，要得到我們同意。

王世杰：日本想規避賠償條款，吉田說台灣政府猶東京政府。內容是和約，標題不是。台澎人民與日本華僑地位要有明白規定，派人問題值得細細考慮。張羣為指導小組召集人，稱為對日和約指導（或審查）委員會，他為委員長。

張　羣：絕無商量妥協的餘地，河田與吉田為中表，本非外交官，當繼之談貿易關係。董文琦有一篇論文對症下藥，要把手段變成目的。河田烈可能不會，就是要有一方案準備著，當然俟和約解決後再談。

葉：派特使，英國一向如此，向內閣總理負責，代表團包括立委、監委及專家。

陳　誠：結論 1. 等木村、西保回話；2. 趕緊與美國交涉，特使問題再談。

　　日本向泰國購米十萬噸，只弄到五千噸。將來台灣可供給日本米糧三十萬噸，以肥料交換（negotiation）。

2月7日　星期四

提要

張道藩為院長候選人

國大臨時會問題

　　正午十二時台灣省總工會第三屆會員代表大會，地

點台北市鄭州路口鐵路局大禮堂。下午六時台北賓館全
國總工會宴請。

　　下午三時研究院講座會召開「四項改造運動」小組
會議，商談如何指導是項問題討論之方法。

　　下午六時周鴻經等假正中書局宴客。

　　下午八時專案檢討本會工作，第 293 次會議。

　　上午十時第 292 次會議，總裁交議，張道藩為立法
院院長候選人，專案討論國大臨時會問題。

　　袁：開利多于弊，要誠心誠意開，開得有結果，
　　　　所有問題都要克服他。

　　余：政治性方面沒有考慮，純粹從行政或事務方
　　　　面著想。1. 人數問題，目前在台人數 1,182，
　　　　資格無問題者 999，有問題者 183（其中放寬
　　　　尺度有補救者 94，無法者 89，如一縣有二
　　　　代表之類），港澳估計 179（有若干人不要
　　　　他來，有若干人不願意來），請求遞補人數
　　　　144，總計 1,475，離法定人數 1,523 還差 48
　　　　人。據過去經驗，為順利通過起見，人數須
　　　　提高兩成至三成。2. 資格問題，法理已窮，
　　　　而事實上又無法否認，填聲明書時，規定可
　　　　出席下一次會，並有文件保證他們。1. 法定
　　　　人數顯然不夠，修改組織降低人數。2. 代表
　　　　資格問題，可能解決者 94 人，但必須修改有
　　　　關法令。召開與否，應有堅定的決策，並應
　　　　早日決定。完成順利開會的條件有四點：1. 會
　　　　期宣布後準期開會；2. 要順利開議；3. 要順

利決議（人數、情緒）；4. 開會前後有關方面空氣要和諧。開會日期的考慮，各種秩序上的需要：1. 研究各種重要原則；2. 與友黨商洽；3. 行政部對修改法律事先研究；4. 立法院討論通過；5. 公告。有關人事疏解估計須待年底或明年春季，目前根本有許多事情沒有照憲法做。

洪蘭友：國大選舉之雜雜殊出意料之外，憲法早于一切，政務重于事務，以簡取繁，公開討論。

2 月 8 日　星期五

提要

立委遞補問題

黃朝琴來訪

下午三時大陸地區工作指導委員會，第 24 次會議。

上午十時冬令講習會結業典禮。

上午十一時至上海路信義路口工程署內，參觀揚子木材公司所設計製造之 PP 式活動房屋。

立委遞補問題，小組決定一概不補。黃少谷說，門一開，不得了。出缺要在五月七日前確定，程序亦然。石青之例，行政院于五月七日前未批准。汪竹一例，第一候補人，尚無十分著落。四十年五月二日行政院第 184 次會議決議：「照辦。惟在五月七日定缺額，依次應遞補之候補人，已依法定程序申請遞補，尚未及完成手續者仍繼續辦法。」第五組報告：「立法委員遞補

問題，本會 101、193 次會議既有決定，似不宜再事變更。」此後遇有缺額，自應停止遞補。

2月9日　星期六

提要

台中市小組致敬電

第三勢力

請鄭震宇、汪公紀

外交問題

　　九日【原稿寫於二月八日頁，因有九日二字，移置此處】上午十時台灣臨時省議會議長黃朝琴來訪。林頂立爭權奪利，該派陳萬（南投）、黃成金（台北）聯黃倒劉之說。謂彰化銀行省府決定不動，華南則省府不管。臨時動議修改限制公營事業董監事案，為自己權利著想，贊成者二十六票（議案對此案反對，不參加表決），及表決，十六票通過，未通過兩條硬要列入。公司法有明文規定者。任廳長受其利用，發動罷免議長、秘書長，薛人仰勸其力量不集中，不要動。黃朝琴見黃金鑄，謂政府應負責任。台銀改組，羅萬俥、黃啟瑞、張祥傳，楊肇嘉為人正派，謂吳對用人大失敗，用搗蛋的人、拍馬的人，最高銀行的董事人選為政府最大恥辱。民意代表與政府不分清，以後事情多了。董事是招牌，不要用社會上對他不信任的人，張祥傳擔保借款未還，第一事就要求台茶貸款。俞鴻鈞來見，正當事業教壞人來做，則好人不敢出來了。六條通跳舞廳，任

常德。

晚舉行南高聯誼會，下午六時中國新聞出版公司第三次董監常會。下午六時半假座武昌街一段十八號立法院俱樂部。七時與谷正綱宴請秦大鈞。

上午九時中央直屬各職業黨部第二屆委員舉行宣誓就職典禮。

上午十時在國防部部長辦公室（介壽館三樓）密商要案。

台中市改造委員會所屬小組建議事項

案由：向張秘書長致崇高敬意。

理由：中央改造委員會張秘書長就職以來，對溝通黨員思想，編著大量書刊，貢獻之大為歷任秘書長所不及，本小組決議向張秘書長致崇高敬意。

辦法：請上級黨部將本案轉陳張秘書長。

下午四時陳院長官邸，舉行對日和約研究小組。（見二月十日）

中午十二時在狀元樓宴請汪公紀（駐日代表團副團長）及鄭震宇（駐巴拿馬公使）。鄭說巴拿馬義為多魚（小魚），又產香蕉，炸食當飯，人口八十七萬，機械各種零件非向美國購買不可，此為經濟控制的方法。希望美國派大使來，此乃輕而易舉，代表團要擋駕。

據港澳總支部稱，李宗仁所謂第三勢力，活動日趨積極，組織亦已展開，定名為中國民主黨。

國際問題研究委員會對外交問題的意見：（1）外

交部應注意培植青年人材；（2）各地使館應有人精通
當地語言，與當地社會接近，以明瞭其實況；（3）各
使館經費之支配應按照各該使館工作之重要性，而改變
過去呆板勻支之辦法。

上星期反省錄

各項機密文件，應儘先閱覽摘要紀錄。

精神教育一書論志趣一文，宜重整作「同志」二字
之釋義。

中國一周與自由中國英文月刊，宜力求相互為用。

理智應與情感相結合，理論應與技術相結合。

本年度應對黨義撰述小冊子若干種，「總動員運
動」為第一種。

中國一周一百週紀念號，應撰一論文。

電賀蔣廷黻，致函楊聯陞，與美國友人不宜疏闊。

與劉學銥談及台大設立地理學系事。

本星期預定工作課目

整理總裁已往批示。

預備對中央評議委員報告材料（共匪控制思想案）。

籌備編輯中國一周社「新國民叢刊」十種。

囑陳天鷗致函汪公紀，請日本政界人物談中日關係
之前瞻（第四組有中日關係之新認識一書）。

復丁驌信，復羅香林信。

李宗仁案司法方面組設小組。

林主席文稿向黨史會索取。

印行與總理有關之各種圖片。

紐約時報論文,論總理與林肯之思想關係。

黃朝琴向總裁請示。

訪李連春。

鄧蕙芳委員宿舍事。

2 月 10 日　星期日

提要

在草山起草「總動員運動淺說」一文

對日和約小組,二月九日下午五時陳公館

晚報應注意,昨天之會到會者太多太雜。原來說定不登報(off the second),自立晚報聯合版登出來。預備材料沒有用。

陶:許丙要注意。

葉:晤見木村,日本朝野議論紛紛,木村尚不知政府作何考慮。河田會把決定帶來。吉田書翰中無和約字樣。參院野黨票數最大,未提和約已遭攻擊,名實有聯帶關係,賠款給日本許多負擔,考慮在此。日期定十六號,希望我們派定全權,許多問題當面談了可以解決。實施範圍放在條約之外,木村以為是新聞。

張　羣:我看日本心理有三點:1. 被動,旨在促成參准和約,說不到誠意與熱心;2. 有限度的、部分的、有條件的實施範圍;3. 拖、應付的,看世局形勢再說。

張屬生： 藍欽復文最重要，如果不能達到目的，想法
拖他。

黃少谷： 不要新娘進房便鬧離婚。

陳　誠： 不簽和約，不要他來。

二月十一日下午三時陳公館

葉：上星期五藍欽去電申述我們立場，希望轉達。
上午藍來訪，「和約不成問題啦」。西保去見
岡崎，西保印象，日政府對和約大概沒有問題，
實質二字有些害怕。明天上午十時閣議，西保希
望藍敦促中日政府減少日方承諾，雙方要爭取時
間。日本報上談話為應付反對黨之用，最好不要
過分重視。除非日本接受和約名稱，在交換全權
證書就會擱淺。假使日本特使無此使命，全權範
圍不同，就會引起初步糾紛。其他以後再談。藍
允再電。我擬書面給木村，交渠轉達政府，重申
我們立場：「正式節略，終止戰爭狀態，吉田復
何信有此語。」河田必須有此了解，來簽雙方合
約，否則發生爭執。趕在閣議以前送去，直接告
訴日本人，同時給藍、何副本，所簽之和約，且
有權簽和約。成行以前必須了解，默認即可，破
裂有案可稽。對方名單已在木村那裡。

張羣：木村傳言對前途抱樂觀。葉案是適當時機，支持
外交部。

2 月 11 日　星期一

提要

物價問題

林迺信

中國一周

葉部長與木村的文件

民主憲政社

李福林病逝香港

　　下午三時第 294 次會議，討論反共抗俄總動員運動推行辦法。

　　下午三時在陳院長官邸舉行對日和約小組。（見二月十日）

第六組報告物價

	去年十月	一月底
大米（每百斤）	70	115
麵粉（包）	80	85
黃豆（百台斤）	200	240
花生油（百公斤）	390	416
美援配紗（件）	（甲級）5,900	（黑市）13,000
煤塊（百台斤）	200	220
香煙（新樂園每 25 盒）	40	57.5
豬肉（斤）	5	（黑市）8
蔬菜（斤）	0.7	1.1
黃金（錢）	130	175
美鈔	22	28

　　本省地質專家林迺信，四十歲，嘉義人，東京帝大理學部地質礦物學科，南滿鐵道會社技師，台大教授，建廳煤礦委員會副主任委員。

　　汪公紀赴日，以公文夾四個贈予（張社文贈）。東京使館有鄧友德可效力。

　　張道藩來談，請余共同考慮立法院秘書長人選。

　　中國一周經濟情形，截至九十三期止，結存現金五萬一千○五十元，應付賬款五萬○六十八元，適可平衡。照業務與開支現狀計算，以後每月仍須不敷七千元左右（以省黨部所訂 709 本損失過大），擬自廣告發行力求彌補。中央印製廠欠款四萬八千元，擬先還四萬元，餘款擬買白報紙。合訂本已賣給教育廳，精裝 22 部，每部三百元，平裝 188 部，每部 200 元，共計四萬四千貳百元。低級人員：發行收賬莊家本，校對兼總務李連好，工友三人，春節加給半個月。

　　葉部長面交木村四郎七文件：「願向日本政府強調下列一項要點，即為使擬議中之談判得以順利進展起見，河田烈于離日之前應充分獲悉上述了解，並應受有使其能充分實踐該項了解之權力。」木村說：「日本現既實施民主制度，則欲使國民瞭解政府之立場，必需相當之時間與努力，非可咄嗟立辦者。」

　　民主憲政社佘凌雲、潘廉方、王寒生等來訪，請求補助經費，允每月補助四千元（四組三千元）。

2 月 12 日　星期二

提要

訪王亮疇院長

高級班功課

丁驌函

陳啟天

紐約時報雜誌

　　下午三時第 65 次工作會議，未到。下午一時半至四時半在研究院講總動員綱領。

　　上午十時戴季陶先生紀念會。謝冠生提及阮毅成，謂王雪艇推薦黃正銘為大法官，阮恐無望。

　　下午五時半偕鄭彥棻訪王院長，談及趙琛作風不好，辦理李宗仁案恐其貽誤，囑轉告陳院長，關于司法事最好與林部長商量。又黨部宜成立小組從旁指導，又大法官人選將提三月份監察院通過。

　　七時訪袁企之，談立法院秘書長人選事。

　　高級班第三期廿五日開學。本期政治課程：總理國防計劃（一次）、有關民族思想史地研究（一次），及總裁革命哲學（二次）由余擔任，每次一小時二十分。

　　丁驌來函：「尊著已拜讀，雖為黨史，實無異一民國史也……歷史講師對于我國近數十年來之事實，有時有如無史，茫然不知，亦前此無此系統書籍可供參考也。驌稿已成，二、四寄 1-4 各章，二、八寄其餘四章，又插圖原稿七十三號，如屬可能，驌願親自校對，俾能再酌修文字，校正錯誤之處也。」（二、八）

第六組報告：熊式輝、衛立煌、上官雲相、馬步青、李默庵等投資香港復興銀行，存款達千萬港幣以上。衛認股美金百萬，被推為公司董事長，去年十一月有兩號海航起義，熊式輝被港府扣押，報告港幣二百萬，李默庵赴南美，報出黃金五百兩、美鈔二萬。頃該行倒閉，虧欠六百餘萬元。熊 140、衛 140、上 50、馬 20。

陳啟天與王雪艇函：「弟擬赴日一遊，以私人名義自費赴日考察，偕秘書一人前赴日本考察經濟狀況，兼從事國民外交活動一年至二年，約需旅費美金一萬元正。」

紐約時報雜誌書摘本月出版，發行人葉秀峯，發行所金華街 219 號。

2月13日　星期三

提要

對日和約

李宗仁彈劾案

秦大鈞就校長職

秦大鈞奉派接充省立工學院院長，兼附設工業職業學校之校長。

下午三時第 294 次會議，決議：一、自監察院提出彈劾李宗仁案後，國民大會臨時會之召開必須依法進行，惟召開時間暫定於今年年底，或明年春間為宜。二、組織一小組，研究召開之各項技術問題，由主管組提出名單，報會核定。三、國大秘書長洪蘭友同志擬復

立法院院長函可即送出，惟內容與有關方面先行研究。

下午三時對日和約小組。

張　羣：河田是吉田親戚，是政治上的過去人物，犧
牲亦不足惜。木村視為哀的美敦書。河田將
于十七晨到台灣。

汪孝熙：木村來見，文件已轉送，為解決困難計，建
議三點（這是他個人意見）：1.河田來後作
口頭表示；2.吉田事前來函；3.吉田函由河
田帶來。汪說如涵義相同，可予同情考慮。
應當是和約，不是可能是和約。理由之 1.戰
爭狀態尚未終止；2.盟國地位不能被人剝奪；
3.大陸上合法政府地位不能放棄。木村說國
內尚有一部分不諒解，內政上有困難，果能
誠意商談，相信必有良好結果。汪說要有開
始交涉以前，儘量澄清一切誤會，我們也有
內政上困難，更不能容忍妨害我國際地位的
措施，請你明天接到政府訓令後再談。

王世杰：現在如此，將來更有問題，要在未來以前把
問題弄清楚，總裁意見不能不尊重，信的內
容我們要知道，外交上有不能含糊問題，絕
對不可含糊。

　葉：名稱是和約，這一點必須澄清，重申我們立
場：（一）說明這是中日兩國雙邊的和平條
約；（二）河田來此，有權簽此條約。

陳　誠：反過來說，不弄清楚不要來，要與我政府見
解完全一致（台北有某氏曾經鬆口，與中田

談話，但未有確報）。

黃少谷： 我們必須維繫盟國平等地位，我們要爭和約
　　　　 之名。

王世杰： 通商問題繼續再談，那是另外一件事。

　　五時許，由王請求總裁，必須在全權代表證書上說
明係簽訂和約，看交涉結果再說。

　　日本政府對木村的訓令：「（一）日本政府願以
充分誠意考慮中國政府之立場；（二）關于席波組長
轉達之兩項問題，日本政府已賦與河田代表以商討決
定（該兩項問題）之全權，而令其前往台北；（三）
務請中國政府在交涉開始以前，勿過拘泥于形式上之
問題為幸。」木村云：「據本人所知，出具全權證書
之手續，本國政府業已辦竣，此項手續須上達宮庭，事
後如欲更改，幾不可能。頃謂外務省當正在困惑中立
即為此，此事不知是否尚有其他表現方法，貴部長意
見敬悉。」

2月14日　星期四

提要

羅香林信

人事審核委員會

彥棻談話

　　下午四時中央人事審核委員會第八次會議，第一組
專門委員涂少梅與省黨部第二組總幹事張銘傳內外互
調。本會工作人員之任用：（一）甲、乙等職工作人員

應入黨滿一年以上；（二）丙等職工作人員應入黨六個月以上。

下午一時半至四時廿分，本院課程改革之研究舉行分組討論。

上午十時第 295 次會議，據報基督教滲入部隊、學校，間有從事教義以外之政治宣傳及組織，為防止匪諜利用，掩護非法活動起見，擬具對策。

羅香林信（二、十二）：「『國父與歐美之友好』稿費一千二百元（港）在舊曆除夕前收到，過年得稍寬裕，亦拜先生之賜耳。刻下除在香港大學及官立漢文學院教授歷史外，仍擬積極蒐集資料，撰作『容閎與中美文化交流』一書。容氏於戊戌新政失敗後，亦常協助國父之革命運動，故國父於就任民國元年之臨時大總統後，即致信容氏促彼返國任事（時彼僑居美國），惜未及歸國，即以年高病歿（八十餘歲）。彼于十九世紀末年為美國人士所重視，其所提倡之教育計劃亦貢獻頗鉅，故敘述容氏事蹟，一方與黨史有關，一方亦與中美友好有關也。」附寄杜威與中國一文。

羅家倫信：「本會編印『中華民國開國名人像』以表彰先烈，而昭示中華民國締造之艱難，俾資全國同胞之景仰與愛慕，賴攝影藝術家郎靜山及他位名畫家之協助，得以重攝重繪，編製就緒，影印亦務求精良。於去年雙十節時在國外印就，現已寄到，茲奉贈大幅一套、小幅一套。」

胡光麃信：「現所設計製造之 PP 式活動房屋業已告成，在上海路信義路口工程署內暫裝一所。」揚子木

材公司，南陽街 26 號，T 6781。

彥棻談話，第三組人才董世芳、麥思源、梁子衡（能處理複雜環境）、孫宕越（助手陳伯忠）。立委們似不願修改國大組織法。團方張希之（河北）可用。海外國大代表共六十五名，已選出者僅二十四名。

2月15日　星期五
提要

李連春

高級班功課（三課）

洪門機構

自由人

　　下午六時吉莘餐廳談英文月刊事。

　　九時訪宏道君，談一小時。

　　下午三時專案討論社會調查報告，第 296 次。

　　下午三時謝副院長冠生來訪。談李宗仁案，司法方面仍有解決途徑（戒嚴法），但非官大道耳。二、阮毅成事。

　　據報台灣省政府糧食局局長李連春向受日本教育，地方觀念甚深，曾謂「內地來台者，無一好人」，思想傾向於國家主義，是否參加青年黨組織，尚未查悉。

　　軍官訓練團教育組組長（陸軍少將）鄭琦（恆之，浙江）接洽高級班第三期功課：（一）總裁革命哲學二次；（二）總理的國防計劃二次；（三）地略學研究。（一）本課以總裁在黃埔、廣州、重慶、復興關及本

院重要講詞為依據，說明本黨革命之基本理論及幹部分子應有之精神修養。

（二）總理所著實業計劃，實際即為規模宏達之國防計劃，本課說明是書之經緯（六大計劃與十大綱領互相配合之設計），並舉例證明研究實業計劃之方法。

（三）本課以研究地理與政略戰略之關係為主題，綜述斯學名家之重要見解，並以最近數十年世界重大戰局為例，而加以印證。

王世杰函（二、十六）：「方規（駐墨大使館主事）二月五日上總統函，以前函獻議因勢利導美洲各國洪門機構歸向政府一事，尚未奉復，現以洪門大會期近，請即核示。（三月八日舉行大會）」

第六組每月補助自由人港幣一千元，另補助自由人俱樂部港幣一千元。

2 月 16 日　星期六
提要

鄭彥棻赴南洋事

總動員運動推行辦法，批可

下午一時半至四時廿分，本院課程改革之研究，舉行集體討論。＊

結論，課程精神教育為主，政策研究為輔，理論與技術並重，論述與研討演習並重。余以下點四點為勗：反復研討，不厭求詳；行中求知，且行且知；主動機

動，日新又新；實事求是，精益求精。

下午五時中山堂光復廳第四屆全體會員大會及同樂晚會。

下午六時丘漢平、陳逸雲、秦傑宴請（廈門街 135 巷八號）。

正午十二時直屬第二小組第十八次會議，陳雪屏主席，鄭彥棻專題報告，袁守謙社會調查報告。

葉部長信：「鄭彥棻同志奉派赴東南亞各地宣揚國策，督導黨務，訪問僑胞……經分別以本部顧問及專員名義給予彥棻同志及其隨行秘書董世芳同志，並發給外交護照，辦就赴泰、菲二國簽證，並代洽赴越、澳、紐等地簽證中。」

張溥泉先生夫人崔震華女士來訪，談鄧蕙芳女士宿舍事。

總裁批示：「反共抗俄總動員運動推行辦法」可。修改處：本黨中央為推行總動員之督導與決策機構。號召國民建立自覺自動自治之信心。成為民眾之社會運動。對工作著有績效者，無論其為黨員或非黨員皆應予以獎拔。台灣省黨部主任委員及主任秘書與各處處長均應參加。

＊陶希聖在集體討論中致詞，共黨為歷史上最大的敵人，迅速、兇狠、狡猾，其策略使我們意志完全破壞，意志破產。今後應把理智與情感相結合，理論與技術相結合，而成為集體的意志，要以意志對意志，以組織來保障集體的意志。余精神教育一書有論志趣一文。

上星期反省錄

台南市議會之內鬨，實暴露選舉之不健全及以後之隱患。

立身行已應以小心謹慎為第一原則。

本星期預定工作課目

報告總裁、黨營事業（董顯光）、動員會報、省黨部、金大使、陳立夫（蕭錚）、胡適、胡健中、黃朝琴、李案。

段永蘭女士「我的父親」，文筆生動且發乎至誠，洵為佳構。

訪方光圻，詢譯稿情形。

每星期五中午與黨部同人聚餐。

2月17日　星期日

提要

彥棻赴南洋

「反共抗俄總動員運動」在中國一周九五期發表。

彥棻奉派赴東南亞宣慰僑胞，今日先行赴泰，再轉越南（吉珊、蘭臣、竹亭、心在諸位）。

上午十時至十二時，下午一時至三時：

關於日本政府派河田烈來台一案之因應辦法擬議：據木村稱，河田烈所奉全權證書為授權其與我方簽訂一終止戰爭狀態及恢復正常關係之條約，迄未表示願將該條約稱為和平條約。至於我方則僅願商訂和平條約，其

因應辦法要不外下述四者：

（一）在河田烈未來台前，必須將其所奉全權證書改
正，載明所簽條約為和平條約，否則不必前來。

（二）修改全權證書如有困難，可另由日本首相或其
他有權當局具一文件，文件內載明：

（甲）日本政府派遣河田烈為全權代表，其任務
為商訂中日雙邊和平條約。

（乙）基於其所持全權證書，河田烈有權簽訂中
日雙邊和平條約。

（三）不反對河田烈依預定日期（即本月十六日）來
台，惟我方先再明告日方，我方僅願商訂中日
雙邊和平條約，如因河田烈抵台後，不願或無
權商訂該項條約，而使談判無法進行，則其責
任應由日方負擔之。在此點尚未趨明朗以前，
我所派全權代表暫不發表。

（四）不反對河田烈依預定日期來台，我方並于河田
烈抵台前派定全權代表，我方所發全權證書並
載明係簽訂和平條約，俟取得日方所備約稿
後，再行酌量因應。其因應原則如下：

（甲）簽訂和平條約為我方不移立場，此點不在
談判範圍之內，如日方不同意此點，即終
止談判，聽令河田烈回國。

（乙）河田烈如同意此點，我即與其進行談判，
先談和平條約，如日方另有和平條約以外
之建議，我可視其所提建議之性質與內
容，酌予商談。

　　上述各辦法無論擇定何項辦法，我均詳告美方，並準備將有關文件公佈，以明我方立場。

　　關於日本政府派河田烈來台一案之因應辦法：此項因應辦法經陳院長辭修、張資政岳軍、胡次長慶育及少谷，於本月十五日在高雄錄呈總統擬訂。我方不反對河田烈依預定日期（即本月十六日）來台，惟我方應再以口頭向日方重申我方立場，即我方僅願商訂中日雙邊和平條約，我係根據日方與我商訂和平條約之了解，同意河田烈來台。我方所派全權代表所持全權證書，已載明係簽訂中日雙方和平條約，如日方代表未奉有同樣全權，日本政府亟須以書面方式自謀補救，以免在談判開始即無從進行。我方同時應將關于本案之上項處理情形及一貫立場，以書面詳告美方。採此措施以後，如河田烈仍來台，我方因應原則如下：

＊（甲）簽訂和平條約為我方不移立場，故條約名為中日雙邊和平條約一點，不在談判範圍之內。如河田烈不同意此點，即終止談判，聽令河田烈回國。

　（乙）河田烈如同意此點，我即與其進行談判。先談和平條約，如日方另有和平條約以外之建議，我可視其所提建議之性質與內容，酌予商談。

　　鑒於日本政府之游離態度，本案自隨時均有陷于停頓甚或破裂之虞。我應準備將我方一貫立場，本案各階段之洽商及處理經過，連同各項有關文件，于適當時期予以公佈。

＊關於（甲）項，葉部長深感困難，擬視局勢推移，由對日和約小組隨時研擬具體因應辦法，呈請核奪。

2月18日　星期一

提要

動員演習

祝麟著作

黨營事業

鏡兒函

復興省軍事動員演習經於二月九日起實施「動員下令」演習，茲依計劃於動員演習之第八日（二月十八日星期一）下午二時，在湖口第三十二師舉行「軍裝檢查」暨「操旗典禮」，總統親臨主持閱兵，奉核定鈞長為陪閱官，請於是日午後一時四十分前到達。

正午十一時三十分在黨部便餐後（十二時動身），同赴湖口參觀動員演習，是日大風，場地泥濘。

張岳軍函：「頃接祝廷武君（麟）自美國巴爾的摩來函，謂著有中國之悲劇一書，業已脫稿，送芝加哥 Henry Regnery 出版公司，得覆允為印行，惟須補助廣告費四千美金，請為商託此間有關當局予以助力。……」

附祝麟函（二、六）：「在約翰霍甫金斯大學研究院專攻英國文學，自夏至冬，忽已三季。」

黨營事業

本會所屬各事業股東會集會日期,前經規定一律改於每年二、三月間各事業辦理決算後舉行。

本年度股東會,除中華日報已於去年十月間舉行、中華印刷出版公司調整改組不久,此次暫不開會外,其餘均將舉行。

中國廣播公司(張道藩)、正中書局(周鴻經)、中華日報(連震東)、中央日報(董顯光)、農業教育電影公司(蔣經國)、香港時報社(王世杰)、中華印刷出版公司(陶希聖)、齊魯公司(陳良)、裕台公司(胡家鳳)。

美國大使館李炳煦君來詢政黨情形。

鏡兒函(二、五):「校中已開學,男選習六門,至為繁重,寒假曾赴波城一遊,裘開明、楊聯陞、顧一樵諸先生皆邀往便餐。裘先生以為待念完學位以後,再轉學哈佛作 post-doctorate 之 research fellow 似更理想。裘先生並邀男暑期遷出康橋,住其家中。」

第一屆國民大會代表宋選銓贈送「古今反共思想」一書(署名天公)。

陳紀瀅信(二、十七):「三年來在台灣多承您厚愛,衷心感激,無已或已。我近來頗感如此空疏下去,亦極無聊。刊物之事,我並不願意承擔(文章隨時可寫),但如果有裨益將來辦報的實質工作,我則樂意效勞,為加緊與黨部聯繫起見,任何相宜之工作,我也願意在您領導之下努力,請您考慮。」

2月19日　星期二

提要

葉、河田談話

邀宴日代表團

台南市議會

段永蘭「我的父親」

李玉林贈圖片

邱吉爾

　　上午十時第一至十一期結業研究員第一次研討會，舉行國父紀念週暨會餐（正午十二時）。

　　下午三時第 297 次會議，專案檢討四十年度工作。

　　下午七時，葉外長邀宴，西寧北路六號鐵路招待所。

葉外長與日本河田全權代表談話（十八日下午二時）

葉：本人認為關于貴代表權限問題，貴代表與本人之間已成立一項諒解，甚願在此項諒解之下，使會議得順利進行。明日下午三時擬互校全權證書。至開幕儀式則於二十日上午十一時舉行，本國政府所擬定之雙邊合約草案，亦將同時面交貴代表。

　　曾虛白函（二、二十）：「本社台南特派員報告台南市議會內鬨情形甚詳，此實暴露選舉之不健全及今後之隱憂。」

　　沈琢吾報告，此次臨時省議會選舉，除少數議員未收到賄款外，大多數均已收到現鈔及金條。

　　雷震信：「自由中國第五卷第十二期所發表之段永蘭女士『我的父親』一文（四十、十二、十六日刊登），雖屬於文藝作品，但其影響於矯正社會人心及發揚我國固有之倫理道德者則頗大。近來讀者多人對此文作者均深表讚佩，陳紀瀅、徐鍾佩均特讚此文。」

　　澎湖縣長林玉林贈我北平圖片多幅。

　　下午四時胡慶育與木村舉行中日和會籌備會議紀錄。會議之名稱，雙方經一再商討，并能獲得一致之意見，經決定此項名稱中文為中日和會，日文為日華條約會議，英文為 Sino-Japanese Peace Conference。中日文未能完全一致一節，應守秘密，而除對日本新聞界外，均用中文及英文名稱。

　　中央社密件（一、十八）：「一個不願發表其姓名的英國官員披露，假如獲致了任何的韓國停戰，繼而又遭共方所破壞，英國將毫不躊躇的撤銷其對北平的承認。」

2 月 20 日　星期三

提要

立委遞補案

蕭錚

和約小組

　　中華日報創刊六周年紀念徵文，「論報人五德」一文發表。

　　下午六時，革命實踐運動總會四十一年度第一次幹監聯席會議（便餐），檢討四十年度工作成果，並討論

本年度中心工作。幹事長谷正綱，常務監察黃珍吾。改星期四。

　　下午六時半劉秋芳宴請。

　　下午三時第一會議室，第 298 次會議。＊

　　下午五時正，在陳院長公館舉行對日和約小組會議。（見二十四日）

　　＊立委遞補，寬則十一人，狹則四人，必須具體兩條件：（一）五、七以前出缺；（二）申請。寬狹之分指出缺之解釋，寬指事實發生之日起，狹義指立院通過議決案出缺。江一平、牛踐初、武誓彭、段焯、李定五位列席本會說明。

　　蕭錚來訪，談陳立夫、胡適在美近況。吳主席休假期滿來訪，談儲存物資之重要。訪王亮疇先生。

　　行政院公函：「國家總動員計劃綱領雖尚待定案，但四十一年度之中心工作（動員工作），各主管機關已依實施辦法分別實施。」附上：（一）行政院四十一年度施政中心工作（動員工作）實施辦法一本，（二）行政院四十一年度外交部門中心工作（動員工作）及實施辦法一份（因係外交機密，故另列專冊）。

　　外交部情報司贈送「遠東問題之背景」一文，內容為權力政治之歷史考察，載于 1951 九月號圓桌月刊。

2 月 21 日　星期四

提要

李舜臣傳

宴評議委員

講座會議

中學生文藝

考績

中日和約問題四項決議

　　下午三時至五時，留日華僑歸國觀光團酒會，團長林以文。青島東路裝甲軍官俱樂部。

　　下午六時革命實踐運動總會幹監聯席會議。

　　下午六時半李廣和、劉秋芳宴請（開封街一段 77 號）。李為國大代表，在保密局工作。

　　下午三時第十九次講座會議。第二期定二十三日報到，二十四日開始，三月一日結束，仍為一星期。第二期人數預定為二百七十八人，除一部份軍事人員外，以一般行政及文教經建人員為多。

　　十二時宴請評議委員。于、鈕、鄒、閻、張羣、吳、何、朱、張（厲生）、吳（禮卿）、吳、王，地點在鐵路招待所。由陳院長、葉部長及張岳軍相繼報告，鄒魯、于右任、錢公來發表意見。

　　鄒：總算是很盡力。

　　于：能簽則簽。

錢公來：冤有頭債有主，何以窮要面子。和約是奢侈品，台灣是我立足之地，不苦幹不行，豈是

救生艇乃在跳板上。

上午十時第 299 次會議，討論對日和約問題。（見二十二日）

宋晞著「韓國抗日名將李舜臣」（為李氏立功三百六十周年而作）告成，題字「清忠德備，篤行貞介」。

第一至第十一期結業研究員，第一期同學對研討會的反應主要的有幾點：1. 課目的安排還相當妥貼；2. 經過認真討論；3. 講座多如期即來，大家覺得非常興奮。

黃養志君送我一冊中學生文藝創刊號（三月一日，中學生文藝社出版）。松江路 146 巷 2 號。

本會考績案，綜計本會各處組會共十二單位，實有工作同志 295 人，依考績辦法規定應予考績者 261 人，秘書處（包括圖書館、文物供應社、合作社）實有 71 人，應考績者 67 人。

2 月 22 日　星期五

提要

中日和約

下午四時財務委員會第十一次會議。

中午十二時王雪艇先生宴請金大使弘一及張基永先生（裝甲之友社），同席劉士毅、賀忠寒、邵毓麟、羅志希，餐後赴邵寓談和約問題。

上午十時中華文化出版事業委員會出版委員會第一次會議，召集人狄膺、連震東、蕭自誠。

下午三時第 300 次會議，專案討論匪情研究，共匪

三反運動與「家庭改造」。唐縱：三反運動旨在肅清投靠分子，以民族資產階級與小資產階級為清算對象，共黨目的在鞏固大陸政權，調兵旨在防衛。

下午六時中國新聞出版公司第四次董監常會。

＊中日和約問題四項決議

一、條約名稱與實質必為和約，任何變更合約名稱與實質的條款，我絕不能簽訂。

二、除條約中一部分條款係因有關中日兩國間之問題而訂定者外，應依照舊金山和約之精神與原則辦理，但其中凡妨礙或歧視我中華民國之地位及權益之條款，我政府已聲明不予承認者，自不在內。

三、條約中的條款或條款中的涵義，絕不能影響中國領土主權的完整。

四、關於條約適用範圍如必不得已，而於條約之外以補充文件有所說明，其性質只是實施的程序，而絕不是條約的本身。

上項原則交行政院院長陳誠同志作為我國對日和談所簽訂中日和約的指導方針，如因事實關係有所改變，陳誠同志必須將辦理情形隨時先形【行】報會，俾資因應。

2月23日　星期六

提要

知識青年黨部工作檢討會議

葉、河田談話

　　上午九時中央直屬知識青年黨部第一屆委員會委員舉行聯合宣誓就職典禮，鄒魯監誓，並舉行四十一年度第一次知識青年黨務工作研討會議，由余致詞。＊

　　下午三時理論研究委員會第一次會議（召集人陶希聖、曾虛白、羅時實）。

　　下午四時假袁守謙寓所舉行小組會議，商談有關司法問題。

　　＊知識青年黨部應注意六個問題：1. 建立教育哲學；2. 促進高深研究；3. 發展民族文化；4. 展開青年運動；5. 發展婦女運動；6. 利用文藝美術發展社會教育。

葉與河田談話

　　河田希望我方修改約草，或由日方提出意見，由我方參考修訂。彼希望能以日印談判中之條款為準，訂一簡短之條約。葉堅持先定和約名義，再談內容，並說明我之地位與印不同，必須與其他盟國同等訂立和約。和約名稱確定之後，我方並不拒絕日方對約稿各條發言。葉詢問河田三項問題，請以是否作答。

（一）問：日方是否以我政府為地方政府？答：否。

（二）問：是否承認我政府為代表中國之合法政府？
　　　答：是。

（三）當初對日作戰，今日對日媾和，是否即為此一
　　　政府？答：是。

　葉稱：然則日應與我訂定和約，河田並不反對，但
堅持先談內容，再定名稱。河田最後表示彼已了解我方
立場，詢問可否先暫定為和約，而其名稱不拘束內容
之談判。葉答以在談判中，一切均係暫定，最後須經
政府認可，再行簽字，並表示日方對內容有發言之自
由。木村稱將向日本政府請訓。

李案商談（下次請葉部長參加）
二、廿三下午四時袁企之公館
王寵惠主席
黃伯度（代雪艇）　余井塘　林　彬
謝冠生　趙　琛　谷鳳翔
趙琛：一月二十三日就職，政治性重於法律性，內亂罪
　　　發生枝節問題。政治犯，瀆職罪，放棄職守，離
　　　棄國土，三軍統帥責任未盡。刑法 120 條，貪汙
　　　罪，意圖得利，擅發公款，經劉航琛手，美金十
　　　萬、港幣四十二萬，與毛向案，公款「萬不能交
　　　出去，由我支配」，意圖得利，截留公款，親自
　　　拜訪，根據確鑿。代總統曾向財部要錢，被拒
　　　絕，劉不敢招他。內政部調查局報告數目更大，
　　　二百萬港幣，資料已有，證據未足，毛向案有親
　　　筆信為證。總統復職以後，當然已經辭職，這幾
　　　天又在招待記者。內亂部分暫時不提，中美間並
　　　無引渡條約與協定，傳並非侮辱他而是尊重他，

副總統名義猶在，沒有答辯機會即提起公訴不好，決定傳他一傳，傳後不管怎樣？牽及引渡問題，引渡不得怎樣？逃亡可以通緝，司法有權可以通緝，傳、拘、緝三個步驟。緝以後怎樣？內亂罪、貪汙罪均無缺席裁判可能。李是否保有軍籍，始終沒有辦理退役，現役軍人可以軍法裁判，陸海軍人審判法經立法院通過，依該約33條，應處徒刑以上之被告逃亡者，得為缺席裁判，最合法而有效。副總統是否可以軍法審判，此係國內法問題，國際輿論不必考慮。移送國防部組織高等軍法審判，假定能缺席裁判，十年以上徒刑，一定是褫奪公權、褫奪現職。副總統沒有了，國大不成問題，補選副總統並無規定，國大臨時會不必亟亟召開。

谷：代總統不得訴究。

趙：毛向案在副總統任內並無特殊待遇。

黃（代雪）：1. 司法不受任何干涉，整個黨國問題，在同志地位接受黨的指導，政治性質意義更大；2. 國際觀感應該重視，無論傳、拘、緝要顧慮到副作用，不可予人口實，徒增加宣傳資料。偵察時間要長，觀察各種形勢再定第二步辦法；3. 進行偵查中，對外發言應慎重，以免為人斷章取義，發言之前先報告小組。

謝：傳票問題，美國各州法律與習慣已注意及之，由查次長與顧大使接洽，第二步不必馬上決定。

亮：愈弄得大，愈不值得。Pretenders 愈理他愈感重

要，法國、西班牙至今還有這些人，不理他就完了。目的在免他職、處罰他，前提在於引渡，希望很為微渺。 Habeas Corpus 華僑偷進美國，還可領保身狀，居留證早已滿期。割雞焉用牛刀。

謝：內亂罪、瀆職罪在未罷免前，是否可以訴究。毛向案在辭職以後，等美國法院判決以後比較單純。

趙：元老謀國之忠，李仍在策動陰謀，第三勢力不應置之不問。法律之前人人平等，副總統之尊也要遵守法律，公開辯駁，美國輿論亦可反過來，甘介侯之流更無論矣。居留證滿期應驅逐出境，南美諸國不准入境，附逆敗類可以斂跡。傳也是偵察，不傳成什麼話，傳是可以，拘與引渡慎重為宜。軍人方面反應急得很，要嚴、要快，不要拖。引渡還要與美國交涉，沒有希望也要引渡，第二步再缺席裁判，商量不肯再說。傳一次、二次，最後要求引渡，然後下通緝令。聽說毛向案拿到一百萬，一部分匯到香港。

林：緩一點進行，不要太急，請求引渡，經過這一手續就是了，缺席裁判就有了理由了。要引用軍法審判，是否引起不好的反響，當予以注意。採取軍法與司法之分際，多一點考慮，沉機觀變，不必太快送軍法。

趙：軍人犯罪，偵查權還是有的，新聞記者不要透露消息，應以國家利益為前提，不要在新聞上爭先著。

> 亮：偵查慢一點，更清楚一點，等引渡，即美國方
> 面回話再開會，絕對不在外邊說，在偵查中，
> 不能發表意見。

2月24日　星期日

提要

中日和約

　　上午九時中山堂舉行中國人事行政學會第二屆會員
大會，會員達一千四百人，均係在台各機關學校廠礦人
事管理人員。

　　八時半至十一時二十分，在革命實踐研究院研討會
第二期講總動員運動。

中日和約小組（二十日下午五時）

葉：高雄十時二十分電話，情形不好，宜停止開幕。
　　葉答開會並非承認吉田言論，全權證書（正式外交
　　文書）均稱中日兩國、中華民國（字樣），並未使
　　用地方政府字樣，況同類的話不止一次。指示應向
　　河田烈說明，入於紀錄，中國不能接受之意。「昨
　　天的話引起許多反感」，河田表示惋惜，完全為通
　　過預算用。反應極壞，可能招致會議停頓。雙方人
　　民感覺靈敏，政府人員言論不好刺激朝野，如再發
　　生，影響會議進行，河田表示同意遵照辦理。今天
　　三點半告訴藍欽公使，受到創痛（hurt），首相對
　　民意扣合，不要拿報紙來辦外交。

雪：河田要有書面答復，究竟是否和約？中華民國政府
　　或地方政府。

黃：美國方面表示談一兩次才知誠意，不能拒人于千里之
　　外。美國送函來的，美國意見必須尊重。史無前例的
　　談判，名稱不在談判範圍之內，這一點讓了一半。

羣：總統心境，與金山和約相同者簽，如性質不合於此
　　精神與原則者，寧可不簽，值得買則買。

董：藍欽今天說，美國事先知道用我們的約稿，如有更
　　改，隨時通知，藍欽三月初休假，已向國務院請示
　　展期。

陳：一、名實不符不要來，來了；二、吉田談話不開
　　會，開了；三、研究和約內容，我們開的價錢絕不
　　是高的價錢，非正式的；四、簽字式不簽，準備破
　　裂後公開發表，即使不求成功，但不能上當，手續
　　要清清楚楚。

羣：中日根本應該合作，打仗十幾年，不應該再有囉
　　嗦，戰爭一停，發表廣播，不能忘懷，不必我們要
　　求，希望你們自動來做。日方說，日本沒有約稿，
　　只有幾點訓令，至和約簽訂對國內有困難，全權權
　　限大有斟酌變通之權，希望慢慢見變過來。

雪：吉田聲明如何措置，外部去電問清楚，針對日本有
　　所表示，一點一點向美國說明。和約名稱未被接受以
　　前，即無法進行個別條文，必先取得名稱的協議。

羣：上桌子以前，名稱先解決。

葉：同意雪艇主張，以此為先決條件（precondition），
　　第二條無法過門檻，先從名稱談起。

葉：藍欽告以外間流言，秘密協議我以東北基地讓日。

2月25日　星期一

提要

新書數種

高級班

　　下午三時第 301 次會議，專案討論外交問題。

　　上午十時高級班第三期開學典禮，在圓山大禮堂合併舉行，研究員第二次研討會研究員共同參加。

　　省黨部藍蕚洲陪同台東縣新選縣長吳金玉同志來見。

總裁：建國問題頭緒紛繁，最困難是軍事。軍事不能

　　　建立，其他一切均談不到，軍事建立了，其他

　　　跟上來，就事半功倍。國防部對行政三聯制行

　　　之有效，足為政治與黨務所效法，要使每一設

　　　計都有著落。每一設施都有考核。

　　設計會出版新書二冊：工黨怎樣治理英國的、費邊社的精神與方法。

　　考試院職位分類研究委員會主編日本國家公務員法（任永溫譯）。

　　張文伯筆述「稚老閒話」一書出版。馮用贈送英字辨異彙編，都凡 1,400 餘字。

　　程部長送來戡亂時期高中以上學生精神軍事體格技術訓練綱要草案。

　　凌崇熙譯「台灣史綱」已脫稿，共二十二萬字。

　　高級班第三期教育期限定為三個半月，召訓員額

除旁聽員外定為 150 員，內陸軍 110、海軍 15、空
軍 25。

2 月 26 日　星期二
提要

吳煥章

臨時雇員

　　自由中國美術展覽會，自本日起一連六日（中山堂
光復廳）。常務委員：于右任、水祥雲。

　　下午三時工作會議。

　　上午十一時至一時，一般會談。＊

　　錢賓四來台北，贈我新著「文化學大義」及莊子纂
箋，晚餐後同訪程天放先生。

　　＊葉部長報告二十三日河田晤見談話經過，葉認為
日方用意：（一）對舊金山和約之盟國條款不願接受；
（二）對賠償條款最為頭痛，而企圖躲閃。

　　張羣報告河田訪談經過，並指出吉田致杜勒斯函
聲明中日雙邊條約以舊金山和約為準，日方對此殊無
可爭。日方朝野均主與我訂有限和約，一以我失去大陸
之控制，一乃欲為日本將來與大陸往來留一餘地，第三
勢力在日之活動亦有影響。張先生對河田說明三點：
（一）我對和約之基本原則不變；（二）日本講價錢，
應顧及兩國國民將來之感情；（三）技術問題可由專家
研究。河田曾露希望張羣斡旋之意，但最後辭出時，
說明此次係禮貌上之訪問。

葉續報告藍欽談話經過。

朱霽青、錢公來上總裁函，又閻孟華、杜荀若、王兆民、趙憲文、師連舫、曹德宣、侯天民：大法官缺額自魏大同同志（學驗俱優，有守有為）故後尚在虛懸，查前興安省主席吳煥章同志曾任立法委員十一年，性行淑均，精研法學，堪任斯職。

本會各處組會臨時調聘雇員人數，共七十八人：秘4、一6、二8、三11、四5、五1、六32、七1、幹1、記0、財1、設3、田1、文4。

共匪曾擬發動香港暴動，終為港府重力鎮壓，未果。

2月27日　星期三

提要

皮爾遜

文化叢書

美洲日報

上午十時十分至十一時五十分，政工幹部學校三民主義講習班（跑馬廳），講題：「幹部教育訓練的要旨，及自修自反的要旨」。

下午三時第 302 次會議。

顧大使電（二月十二）：「二月十日華盛頓郵報皮爾遜專欄稱，一九四九年九月間美鋁業鉅子 Louis Reynolds 曾告魏德邁，謂我方有人擬出資五百萬元，請魏赴華協助我抗共，魏氏未允。又謂魏氏曾建議總統向章行勸捐，亦無結果云云。」顧大使意，查皮氏專欄向

以誣蔑為號召，素為美朝野所詬病，此事雖語多影射，似以不予置理為上策。

中國青年反共抗俄聯合會幹事會送來四十年度工作報告一份。

董作賓函：「中國文化基本叢書一百種，經向各方專家徵求意見，已擬定送出一百種。」

周至柔函：「粵中反共救國軍總指揮李福林上將，於二月十一日因公病逝香港。查李故上將軍早歲贊翊總理革命，冒險犯難，百折不回，每至國家多事輒力任艱鉅，四十年來忠貞不貳，其愛國愛黨精神老而彌篤。近年赤禍猖狂，大陸淪陷，該員以垂暮之年，仍擔任反共救國工作，其忠毅貞國之風，允足為黨國楷模。」

顧大使來電：「美洲日報被向維萱控訴案，請先墊撥二萬元美金，供該報聘任律師之用，以台北報界捐贈之名義行之。關於保障名譽，美法綦嚴，該案結果莫測，被告未必勝訴，故一切措置須格外謹慎。」

2月28日　星期四

提要

對日和約

上午十時第 303 次會議，總裁指示工作方針。

晚七時半工作檢討會，動員會報。

郭澄：不可 1. 成為形式；2. 流於敵對；3. 變為糾紛。

谷：先從事，客觀需要、主觀力量，容易做，大家看得見之事，須統一認識，齊一步驟，如環境衛

　　　　　生、公共秩序等事。

胡健中：　前言，不課以戰爭責任，有二點要說。為什麼
　　　　　要訂約，基于一項歷史事實，日本打敗了；第
　　　　　二記載歷史性宣言。不念舊惡，以德報怨，乃
　　　　　局限于外交成例，羌無故實，以致實質與精神
　　　　　兩無所得。台澎地位最後歸宿為何。二十條是
　　　　　否已盡補救之能事。不必有此事，不可無此
　　　　　想，要有優案作法的根據。適用範圍理論上講
　　　　　很不好，牽涉到美國人，推翻勢所不許，但這
　　　　　是程序的，不可解釋為條約一部分。控制二字
　　　　　流弊很大。

曾虛白：　從日本記者得到消息，日本對華政策有所謂
　　　　　吉田理論，中村敏（共同社社長，松方與吉田
　　　　　交誼深，故消息特別靈）。國民政府能否回大
　　　　　陸？大陸、大陸＋台澎、台澎，講和時的
　　　　　中國與今不昔，現在是一新興國家，與印度
　　　　　一樣，最後決定者為英美最後談判的結果。最
　　　　　後要決裂的，故派河田來作犧牲。美國出來調
　　　　　停，另外派人來談。曾說主權與控制權截然不
　　　　　同，顯然一時不能控制，主權還是我們的。以
　　　　　強盜為例，不能拿保有權來判斷主權。

谷正綱：　要防止第三勢力的抬頭。

蕭自誠：　輿論要與政府決策絕對配合，是否太快太高。
　　　　　台澎歸屬問題，美國有一部分同情英國主張，
　　　　　預留地步，於我國不利，現在此種因素已不存
　　　　　在。昨天邱氏表示英國準備在韓國以外採取行

動，英國態度逐漸與美一致，一天天與我有
利，為局限于金山，多所顧慮躊躇，難免要後
悔。大陸不在我們控制之下，台澎雖是而又無
法律根據，恐怕立法院通不過，怎樣去說服
他。建議以吉杜通信為基礎，就決不與共匪訂
約一點作一換文，作為國際的約束，很有利，
容易做。

崔書琴：九一八起有問題，海牙公約規定要經正式宣
告，否則要有作戰的意思，即可自敵對行為
算起。九一八以後有停戰協定，外交並未中
斷。台澎地位相當重要，金山第二條，日本放
棄……，有遵守此條的初步義務，其他盟國亦
不會同意。問題在我們戰爭性質，如果是內
戰，人家沒有法子干預，共匪要接手對台灣。
國際戰爭即大陸在俄國手中。二十條解釋台
灣主權很牽強，台灣人民取得國籍應根據于
國際法，即保持佔有主義，尚有事實表坭个
足顧慮。

總裁指示：日本沒有誠意，最後要破裂，事實上日本絕
不願訂此約。反過來說于我們有利，美國人
指使，參議院難以通過，故有簽約之舉。有
此無好，完整比不完整好，沒有實力，什
麼條約都是假的，有力量，什麼時候都能
修改。至少與我國有利，我在日本有正式代
表，此時此地，爭得到就爭，講現實才好。

2月29日　星期五
提要
知識青年黨部
研究院講座
台大浙江同學
勞幹

　　中午約請一組同志：（秘書）楊定襄、（專委）馮龍華、陳建中、張銘傳、（總幹事）朱紹祖、瞿韶華、蔣嘯青、芮晉、（編審）吳中英、張疆亭敘餐。

　　三時大陸地區工作指導委員會第 25 次會議。

　　師院學生王美奐同志函：「小組會變為黨內經常之黨員教育機關（否則將流為形式），並加強紀律委員會之權能，明察暗訪。知識青年黨員，多係在學青年，為黨為國儲才計，應不使活動過多而荒廢正課，否則必將浮動而不免於再陷向日覆轍，黨內人才亦將日少也。」

　　看「偽政協第三次全會報告研判」，內政部調查局，四十年十二月。

　　研究院研究會各組指導講座名單：

(1) 經濟組：嚴家淦（召集人）、鄭道儒、連震東、浦薛鳳、李壽雍

(2) 社會組：谷正綱（召集人）、陶希聖、唐縱、倪文亞

(3) 文化組：程天放（召集人）、陳雪屏、羅家倫、阮毅成、吳俊升

(4) 政治組：張厲生（召集人）、陶希聖、吳國楨、

黃少谷、袁守謙、蔣經國、崔書琴、郭澄、谷
鳳翔

討論大綱，各項改造運動應如何實施：（1）重
點；（2）步驟；（3）方法。在自己工作崗位上，如何
協助其實施。

國立台灣大學浙江同學會總幹事于寶森、副總幹事
翁正綱。

邵維廉君送來勞幹編初中歷史三冊。

二月二十五日，本會

邵：過去舊賬可以不算，今後禍根必須杜絕。只
有補救，不易推翻，實施範圍應向美國表
明，避免用書面寫出，聯合菲、韓來支持我
們。爭取日本其他黨派與學者，時事新報同情
我者。第十三條滿洲國財產應該歸還，要特別
堅持。純粹法理是一件事，今日國家地位又是
一件事，將來中日軍事合作尚無政治目標，便
會發生糾紛，台灣地位應掃除潛在的糾紛。

陳　誠：前年十一月起再三研究過，很誠意與日本簽
約，到今天止還作不簽約的準備，輿論不妨
唱高調。

胡健中：前言應提及日本戰敗的事實，及總統不念舊
惡的文告，訂了和約反把自己主權限制了，
豈非笑話。第二十條人民、法人、船舶物產，
是否構成台澎主權的保障。

蕭自誠：不簽無害，簽了有害。新生報民意測驗可注

意。「美國是蘇聯永遠敵人」，妥協已不可
能，激流潛流暗長。

曾虛白： 吉田做不了主，背後受英美影響很大，最後決
定要看英美交涉怎樣，邱氏找機會轉過來，前
途非常有希望。

邵： 要顧慮政治現實，中蘇條約本身沒有毛病。

崔書琴： 台澎明文規定有困難，不是日本所能決定，
簽約時情形怎樣，以後就是怎樣，這是國際
法的通則。

二月二十六日，一般會談

葉： 河田認為距離很大，中國沒有參加金山和約，
很為不平。既然沒有參加，約稿就不宜太過
抄襲金山和約。日印只有十條，我以盟國地
位與印度絕不相同，約稿你已接受，不必爭
辯。和約之外談別的問題，我沒有權。我們
不是希、墨，你有發表意見的自由，商討時
期一切都是暫定的（tentative）。賠償以服務
方式出之，這一點美國是同情日本的。

張　羣： 禮拜天下午四時與河田兩個人談，態度嚴謹。
日本真意知道太少，有限制的條約，中國沒有
統一，在大陸上既不發生效力，卻又拘束了日
本在大陸上的行動。羣說「要不是美國支持，
也許你們沒有這意思。同盟會時代，桂太郎贊
助革命，今者吉田不以平等待我，空氣壞極。
三種結果，僵局、惡化、維持現狀。秀才生活

困難，而以天下為己任，不能專講生活，過去
錯誤應有機會改正。河田七十歲了，我也為中
日問題奔走多少年，過去失敗，痛定思痛。」
禮節的訪問。

葉：　見過藍欽，請其再電國務院，日本態度連金
山藍本都不願拘束。杜勒斯告顧少川，不可
離金山約太遠，並請其告訴日本，背信行為
給我們很大刺激。藍欽暫不離台。

張　羣：　菲賠償談判沒有結果，要求八十億，先付十
分之一，日本預算只列二千多萬美金，應該
是上千億。日本請有關各國共同商量。

葉：　條約批准，美國希望三月十日批准，英已有
效，澳、紐、加隨之。三月底以前希望有五
國，荷不成問題，四月即可生效。日本國會
延期一月，四月以前批准。星期日下午與黃
議長約台人士談：1. 戰時保險金值日金三億；
2. 在日本的存款，政府絕對重視台灣同胞的
權利。外交部有二百個案件。

羣：　領土問題，金山所無，日本無權，第二十
條補救，美國亦反對。總裁文告都說八年
抗戰。

莫柳忱：　超過了舊金山和約。

陳　誠：　妄自菲薄，真正有一天回大陸，什麼問題都
可決定，祇有破裂才可交代。評議委員態
度好。

張厲生：　最低限度的立場，很難有讓步，日本有成

見，我看簽不成功。

王世杰： 大的地方不預備讓步，要爭取美國同情，破
裂責任不在我方。

張　羣： 日本也在爭取美國，美國可能兩邊顧到。

二月廿七日五時半，陳官邸

葉：昨天談話結論，日保證必入紀錄，必定是和
約。爭到以後不許發表，同意紀錄，但不同意發
佈公報、協議，國會反對力量少，最大關鍵在英
國，二定在恢復主權之後，先談起來英國不反
對，但不可公布。I say you say. 序言第一條，明
天正式開談判。I accept. 河田重複幾句話：1. 簡
潔；2. 適合環境；3. 協調互惠精神。希望能注
意這幾點。

羣：五天之內具體交換意見，叫日本攤牌。

雪艇：公告不妨緩幾天發表。

少谷：不開正式會議，紀錄不在效力，名稱問題已解
決，開始過第二關。你所提出三點，均與名稱
無關。

陳誠：名稱不解決不能談，現在可談內容，開正式會
議，不發公報很難。不是不肯負責，而是不能
負責。祇有破裂才可交代。

少谷：後天開正式會議，同意名稱及有關文字：1、
2a。發文告不勉強，外交部可斟酌三案共同之
點。名稱已告段落，應即研究內容。甲、王案，
乙、張案，幾天後有頭緒再開，丙、黃案。

二月二十八日九時，士林官邸

葉：既然同意名稱，應進一步討論內容。和約關
鍵在美國，今天可能有反應。美國希望完成
和約，不僅為對內，亦與美國有方便。藍欽
留此，國務院已予同意。美國以二十條為偷
雞，此雞非偷不可。

總裁：一定要正名，一定是和約。我的概念，日本人
不願訂此約最後可以破裂。河田轉變由於美國
督促，參議院一定有人反對，以為是對中國不
起，主持公道者不會少。杜勒斯希望成功，諾
蘭在杜一邊，中國尚未簽約，一定有人反對，
河田要亟亟開議在此。若參院一通過，就會延
期下去，這一點可以和他討價還價，通過了，
日本就不怕，在十天半月之內，所爭者在此。
已經開議，如不成功，就可推諉，並再故意作
難。如果答應和約名稱，又加上三條件，無異
取消和約。正式和會不開，美國責任不能卸
除，和約沒有開始、沒有講定，參院就通過，
道義上說不過去。河田一定不肯取消，連和約
名稱還要爭執，這不是講友好。最侮辱一件
事。死了幾千萬人、幾（三）百萬士兵，還要
談和約不和約，心裏不安的。當然和約為什麼
用協議，大陸亡了，自己倒霉。日本造出來
的，我們為什麼要受侮辱呢？為什麼要訂和約
呢？急事緩處，照道理做，扣得緊，批不准，
不怪你們。放鬆一步，十天機會都沒有了，答

　　　　　　　應公布再開談判。

陳　　誠：希望成功，但作破裂準備，正式談判遲幾天
　　　　　　也可以，可以進一步先談內容。

張　　羣：攤了一張，還有幾張牌，不開正式會議，三
　　　　　　天為限，可知其整個打算，來作整個考慮，
　　　　　　估計有無成功可能。

　總裁：最緊要的是二十條不能刪改。

王世杰：參院通過絕對沒有問題。政府要等行政協定商
　　　　　　量定，駐軍基地已經簽字，向國會報告後即提
　　　　　　出和約，不能以為我們有枝節發生有所影響。
　　　　　　兩黨外交，杜氏等相當程度幫忙，要使美國認
　　　　　　為我們態度是合理底，要爭取美國的支持，不
　　　　　　可為了公布問題而延擱。名稱入了紀錄，把整
　　　　　　個意見給我們，有二、三條（如承認日本主
　　　　　　權）與我無互相關係者可刪，兩案相當，可改
　　　　　　則改。藍欽表示第二十條措詞也許要修改，公
　　　　　　布問題授權外交當局。

　總裁：以公布作為藉口，使正式會議不能開。名稱就
　　　　　　是和約，不能加上三點，請岳軍非正式的教訓
　　　　　　一頓、責備一番。日本不得抹撒我盟國地位，
　　　　　　來汙辱我們，東方道德，旁的國家還沒有叫我
　　　　　　地方政權，落井下石，歷史所未有。並要河田
　　　　　　告訴吉田，我若是汙辱極了，美國人推我不
　　　　　　倒，日本人倒站在美國人後面搗亂，中國人民
　　　　　　非常憤恨，那是比以怨報怨還不如。

　亮疇：要讓美國知道，那數點絕對不能讓步。

葉：三點聲明不是條件，以舊金山和約為根據，藍欽說你們困難在內容方面。

少谷：胡、木村見面，正式會議暫時不開，明天把內容非正式談一次，再有一次意見交換。

羣：我回拜一次，約一時間，報告總統請示需要告訴你，關係于成敗所在，告訴吉田，說話內容作成紀錄。

胡：開會非發公報不行，我們措辭你不贊成，什麼是簡單？整個意見請拿出來，延長責任不在我們。

二月廿八日，評議委員

葉：和約由美國主持，去年六月起非正式交換意見，至金山和約上，從未有可簽多邊的諾言。惟和約內容與我交換意見而已，在形成草稿時給我一份，供我參考，而非徵求同意。重要意見已納入多邊和約之中，如承認韓國獨立，台澎與庫頁同等。自從被摒以後，表示憤慨，決定不再談。美國提出雙邊和約問題，我們堅持平等地位：1.派人來台；2.接受我方約稿為根據；3.任何影響我主權與聯合國地位者不能接受。美國提出技術問題，即控制大陸問題，不能為共匪所利用。權利義務要相副相稱，責任如海航遇風。我方表示決不在條約中出現，外面謠言很多，要談定是和約，不談拉倒。台灣人民財產以同樣方式承認是我領土。

羣： 金山之會奇恥大辱，美國對不起我們，要美
國負責任。美國為什麼要壓迫日本，無法撑
掉。成與不成，要看美國態度，還要待日本
國會批准，玄得很。步步要小心，關鍵在美
國，美國一定批准日約，並不以中日訂約為
條件，英日之間亦有諒解，中日問題等待和
約生效後再說。總裁心境，值得簽就簽，不
值得簽就不簽。一切的事要美國來主持，談
不好，責任不在我們，此點要使美國諒解。
以西康和約為例，說明適用範圍問題。

總裁批示

2月2日：吳春晴案，「可在本會工作同志調院受訓成
績優秀者，擇提派用」。

2月4日：由此可知省黨部之工作如何虛偽不實，應如
何澈底改革，有匪諜混入小組之組長，及其縣市黨部負
責人應加處治。今年應實施青年反共先鋒隊之組織，
為本黨重要工作之一。

2月9日：二八〇次會議中關於雲林議長王臨貴同志之
處分案，如何辦理查報。二八一次會議報告上，工礦黨
部許小組長發現匪諜之經過甚慰，希予嘉勉。

2月13日：張君勱赴美，應運用本黨在美各報刊（華
文）不登載張之消息，交第三組特別注意。

2月14日：反共抗俄總動員推行辦法，「可」。

2月15日：洪門機構歸向政府案。

2月22日：匪訓練民兵計劃及實施情形，交總政治部

研究對策，並抄交吳主席作訓練國民兵之參考。

2月25日：代電：（一）大陸之政治反攻計劃；（二）精神動員及思想領導等各項問題，希中改會諸同志及有關部門加以研究，擬訂具體方案。

2月26日：共匪一九五二年七項中心任務，我黨應根據此資料切實研究對策及具體實施辦法為要。

（一）本院對中訓辭之編輯工作進行如何，似可分：
（1）軍事與政治；（2）哲學與科學；（3）革命與青年等部份，希與希聖、曉峯諸同志詳商之。

（二）黨政高級班畢業學員複訓（即研究會）之方法與課目，應特別研究。前經指示之分組辦法，乃為使各有專門學識與興趣之學員能集中作各種專題研究，並希屆時命各學員對收復大陸後之有關問題，加以檢討，提供具體意見為要。

2月28日：總裁指示：每日工作計劃應與本會預算案相配合。黨營事業去年贏餘應詳細報告。中心理論問題應辦研討，陶氏文稿起段文字太雜，後面一段很好，題目上不必加理論二字，用反共抗俄，不用第三期，趕快發表。為於港澳設立本黨宣傳聯絡專員，並擬以周異斌同志擔任聯絡專員。批示：「應運用各該地之組織，無庸另設。」（周異斌，長沙，47，政校第一期，倫敦大學政治經濟系，政校教授，湖南省委，衡陽市長，六屆中委。）二九三次會議中，據三組報告，李宗仁在港組織中國民主黨，其參加者為誰，希命查報。據報基督教滲入部隊、學校，間有從事教義以外之政治

宣傳及組織，為防止匪諜利用，掩護非法活動起見，經
擬具對策……批：「國際上對共匪壓迫宗教抨擊甚力，
本黨遵循人民宗教信仰自由之原則，不宜禁止，可由政
治部與此少數傳教師多加聯絡，說明勸導即可。如有匪
諜滲入，應搜集確鑿證據，依法辦理，希照此意再加研
究修正為要。」

3月1日　星期六

提要

總統復職紀念

九龍暴動

　　勞工保險實施二周年紀念。

　　上午十時總統府紀念月會，總統府前門廣場有民眾慶祝大會，由後門進出。又三一聯誼社第六屆年會。

　　下午二時慶祝第九屆青年節全國指導會議。

　　九時三十分在介壽館廣場，舉行自由中國各界慶祝總統復行視事二週年大會，余為主席團之一。

　　十二時第二小組第 19 次會議，李文範主席，崔書琴專題報告，羅家倫社會調查報告。＊

　　閔劍梅（立法院副秘書長）、蕭先蔭（之望，湖南益陽，秘書處長）、杜振歐來訪，談立法院人事調整與考績，告以必須合法合情辦理。

＊崔書琴：我們現在的生活比抗戰時期好，比大陸匪
　　　　　區好，比將來恐怕也要好。

　羅家倫：南京城裡挑菜的人告訴買菜的人說，昨晚
　　　　　又殺了多少人。胡小石自己挑水。中大九百
　　　　　學生，共黨佔十分之一。共匪對兒童注重極
　　　　　了，家庭裡都莫談國事。他們說你們兩年之
　　　　　內可以回來，不遠了，對留學生工作不夠，
　　　　　我們的刊物一點沒有看見，甚至有人以為大
　　　　　陸有辦法，台灣無辦法。吳貽芳與來台者談
　　　　　了三小時，哭了三小時，她頭髮都白了，

她是陳叔通的外甥女。

立委黨部三月份常務委員：吉佑民、武誓彭、徐中齊。

中國人事行政學會聘為名譽理事。

九龍大規模的騷動事件，萬餘人，港府調集員警四百餘人，先後投擲催淚彈三十餘枚，並拘捕騷動份子百餘人，該部群眾始作鳥獸散。自下午四時至六時始告平息，尚未演成重大慘案。

3月2日　星期日

提要

黨營事業

經費總額

裕台公司承銷食糖

張純明

上午十時在中正東路善導寺，舉行居覺生題主禮。

四十一年度業務計劃及概算，九單位總計全年盈餘可達三百餘萬元。

單位名稱	收入（萬）	支出	盈餘（萬）	附註
中央日報	1348	1227	121（9%）	
中華日報	798	788	10（1.3%）	利用原有日文設備，出版及翻印日文書刊。
正中書局（本年上期）	234	194	39（16.9%）	上年教科書銷收百分之六十。

單位名稱	收入（萬）	支出	盈餘（萬）	附註
農業教育電影公司	91	162	70	台灣地區狹小，放映及售片收入，不足抵償製片成本，國際戲院撥交該公司經營。
中華印刷出版公司	432	429	3	由港遷台建廠，工程已大致就緒，展開彩印業務。
中國廣播公司	269	267	勉可維持	惟加強國際廣播設備，及技術節目人員訓練費等，尚需三百餘萬元。
齊魯公司	245	218	27	製造再生膠與製造雨衣布及輪胎等工作。
裕台公司	302	221	80	擬加強國際貿易，轉出外銷產品，繼續申請採伐山林，增加木材供應。
香港時報	（港幣）98	140	虧 42	四月份起擴充篇幅，已由本會補助台幣四十九萬元，並向銀行界借港幣十四萬元以資週轉。

四十一年度本會經費總額為二千另五十七萬三千元。

楊繼曾來函：「關於裕台公司承銷食糖一案，業經生管會常會議決，同意暫撥食糖壹萬公噸，交由該公司運銷香港。」

撰述盟國四強的錯綜關係（下）中蘇關係。

時昭瀛：「張純明先生參加我駐聯合國代表團服務一節，廷黻先生謂曉峯先生已函知此間已認可，然否？」

3月3日　星期一

提要

沈昌煥報告

東北代表

童子軍

聯合國同志會

台南文化

美洲日報

金大使弘一

　　正午十二時在西寧北路鐵路招待所公宴沈昌煥，並請報告國際情勢。

沈昌煥報告

　　聯大共六個委員會，沈加入第一委員會（政治）。法國多黨制，政治不能安定，戴高樂主張成立強有力內閣，共黨聲勢不及從前，因：1. 生活改善；2. 對蘇了解較多，共黨發動罷工已做不到。法國有十師軍隊，但中下級幹部不夠，實力僅有六師，軍隊待遇太壞，優秀青年不願從軍。越南消耗甚鉅，不如放棄，以免影響本國建軍。法國反對德國重整軍備，猜忌未除，法人仍有畏戰心理，有逃離北非之想，戰事發生，或謂法國只能打三星期。

　　在英國見鄭天錫，自稱有生之日為報國之年。從前對英國外部說話很有風度，出了兩本書，一為東方與西方，一為自傳，銷路還好。在英國最勢利的俱樂部任名

譽會員,英人仍以大使禮遇之。保守黨不會有奇蹟,英人要求有獨立的政策,不要做美國第四十九洲,要做平等的伙伴。糖、奶油、肉類英國仍行配給制,香港紡織等可與英國競爭,英人向香港買衣料,英國機器陳舊,煤荒未除,多做工沒有鼓勵(kill the incentive)。伊朗問題束手無策,經濟、外交將無辦法。英人已知承認共匪的錯誤,What can we do now?但撤銷承認時機未到。控俄案係以 25:9 通過。

意大利政局比較穩定,首相始終在職,困難在人口問題,鄉人有不穿鞋子者,貧困。傳聖大學有八十幾位留學生,應多作聯繫。西班牙絕對反共,而貧富懸殊。比利時與瑞士經濟情況最好。瑞士以為這次大戰逃不了,國內有鈾礦。

德國,道德重整會會員有熱誠、有理想、有服務的志願。克魯伯炸光了,空軍犧牲之眾與平民等(指倫敦魯爾之役),拆遷工廠時下淚,現在又來談重整武裝了。德人關心台灣超于意料之外。東德人口 19、西德 46 百萬,工業約在西德,惟糧食缺乏。統一問題尚無答案。德國外交已趨活耀。中德關係要看中國和約情形。

土耳其有五十萬軍隊,不怕打仗,這次不再能保持中立了。駐土大使李迪俊有思想。對香港應有一委員會,打怎樣、不打怎樣,要有相當地位的人在香港領導。孫松星住傳秉常家,謝保樵同住。沈說台灣能從死裡逃生。孫說:不負責任的人,不多批評也算了。

此次出席聯合國大會,外交部職員成績甚佳,二十

幾歲的青年。蔣廷黻表示，現在情形與從前不同，組黨
問題不再考慮。沈說統一全國，建設國家，任重道遠，
在一個領導之下共同奮鬥才有效力。蔣說我在外國人前
面絕不批評政府。蔣對于國府反動無能腐化的反駁，近
五十年來，單獨抵抗一等強國四年之久。史大林說惟有
國民政府能領導抗戰，戰後又與我訂立三十年友好條
約。今天問題不是貪汙不貪汙，而是條約是否被破壞。

海外黨務於通案外，應分區加以研究，因時因地而
制宜。

下午三時第 304 次會議。

上午九時圓山紀念周，郭寄嶠報告，動員演習，二
月九日開始，二十二日復員，一個團的編成，惟車輛動員
以一師為單位，應召員都很興奮。日本教官（白、易）
報告，國軍以十軍二十師為目標，而改編著重重裝備。

下午七時第三組招待中國童子軍港澳代表團，團長
施安甫、副團長胡學成、教育部殷卓倫陪同來訪。

東北代表來訪（三、四），王冠吾（監委）、「東
北九省三市在台同鄉」李文圃、周世光（嫩江）、葉國
光（晶心，遼寧）、趙金堂（參事，工礦公司正工程
師）、杜荀若（立委，黑龍江慶城），請明定九一八即
為日本對我侵略戰爭之開始。

聯合國中國同志會基金籌募捐冊，由本會致送三
千元。

台南市市長葉廷珪來函，寄贈台南文化季刊二卷一
期乙冊，並徵求論文。

美洲日報訟案，我方律師酬金暫定為二千五百元，即付一千元。

韓國金大使函：「惠贈韓國抗日名將李舜臣書二百冊，撰述翔實，內容豐富，於發揚中韓文化確有助力，……已轉送韓國忠武公紀念事業協會，供有關人士參閱。」

3月4日　星期二

提要

國防部中心工作

對日和約小組

下午三時第二十次講座會議。

上午十時在總統府大禮堂舉行國父紀念月會，郭部長報告。

下午三時第六十七次工作會議，改為 305 次會議，專案討論對日和約問題。

上午八時半在陳院長公館舉行對日和約小組會議。

葉：日本東西已拿到，發現差別很大，簡化結果，成為一般性友好條約。金山和約與我直接有關者必須保留，21 條尤為關鍵所在，日本給他國任何權利，都要給我們。原則確定後，方可進而討論條款。

張　羣：比較之下顯有不同，和約與友好條約根本不同。第一次正式會議接受我們約稿為討論基礎，三種情形：a. 我有他無（須加討論）；

b. 我有他有（可以參考）；c. 我無他有（無害者可採納）。盟國地位不能不有者：（8）對大陸放棄特權；（16）賠償；（21）享受同等權利；（10）通商航海，非爭不可，無法退讓。與我無直接關係者，如南冰洋之類。說帖寫得相當好，重點要緊，文字方式不妨有修改處，基本精神與我不合者，必須予以澄清。藍欽問下次會議何時開，答以距離太遠，恐要失敗，要看美國態度如何。

葉：日約是完全互惠性質，惟第五條是例外，且比我們好。

雪：（葉代述）通商航海有關條文完全要依我方文字，注意四年的意義，保護航業，任何互惠字樣不能接受，否則吉、杜通信都是空話。

吳：我們講不起平等，講平等就吃虧了。以運輸為例，我方船隻運載量佔 85%，日方僅 15%。

陳　誠：只是日本方面的意見作為參考材料，而不能稱為對案。日方想把破裂責任推給我方，認為我們條件太苛，不能接受。日本記者所寫新聞值得注意，「突如其來，轉為強硬」，已在布置伏筆。

吳：認為有希望，照邏輯講。

葉：第二十一條個人相信美國會用壓力，這是維持盟國地位的主要條件。

黃少谷：小組主張接受外交部因應的原則：a. 絕不可讓者；b. 可以修改者；c. 可以刪除者。即不妨害

主權地位者，緩急輕重先後次序授權代表（因
有人主張先提二十一條〔屬生〕，有人主張不
必〔雪〕）。

亮疇：以共同利益代替平等互惠等字樣。

　葦：我們約稿 22 條，日本僅 7 條，不能拿數字多
少比較，一般觀感以為打了折扣了。我的觀
念，如能構成和平條約的基本條款，不在條
文多少，寫法不同而已，而在內容如何，此
意宣傳上應注意。

　葉：一條包含五款，變成六條，寫法不同而已。

　　上午十一時總統府會談（上午十一時半，總統府，
對日和約小組，總裁主席）。

　葦：說明是一種參考，這是以前的意思，在東京寫
的，實施範圍日方已讓步。21 條用意在使盟國地
位有一根據，以後可向日本要求，以這一條做保
證，其他條款即有修改，似亦無妨，此條關係
最大。

　葉：基本差別，日約完全為平等互惠的友好條約，
我們不能接受平等互惠的名稱，實際金山和約
已經不是純粹和約，而是一種政治工具。

　雪：我們要爭取時間，重加刪改後提出新的約稿，美
國亦嫌我約太繁，有五、六條不規定亦無關係
（如主權、南冰洋漁業），糾紛的解決要送到海
牙法庭，那是要吃虧的，立刻把他簡化，一方送
美國，一方送日本。日方如果不要 21 條，就是
否認了和約的精神。貿易通商維持原稿「四年之

內」，我所要求於你者並不超過你對我的待遇。

葉：不給日本人俾留交涉餘地，平等互惠等字樣在條文沒有，要有腹稿便是底價，否則不簽，簽了也沒有用。

陳：實施範圍大體上已有了解，今天最重要是 21 條。

葉：要與日本談，試探中知其意思如何，名稱與實質都要是和平條約，盟國的權利義務日方必須承認。

總裁：大體沒有什麼，可擬定一東西，即刪改到何種程度，討論時還要依原約稿逐條討論，不能性急。和約談完以後，方可談友好條約。金山和約的精神與實質不能放棄，抹撒盟國地位就談不下去了，不可另擬約稿，隨時告訴美國。好了。

吳：照邏輯講，應該一條一條的討論，美國對二十條的誤會要予以解釋，不必換一底稿給他。

葉：有幾個問題要告訴美國：5. 大陸特權；8. 賠償；10. 通商航海；19 條（海牙法庭）可刪。對這幾個我們不惜破裂，美國必須支持我們，我們採用金山條款分為兩種：a. 直接影響我國權利者，在本約內必須重複地有明文規定。

總裁：你們參考文件已經看見了，現在拿我方約稿開始討論，沒有者不必介意，不可視為對案。談話經過隨時告訴藍欽。要之，應以嚴正立場告訴日本代表，對參考文件不當作一回事，一般國民知道，格外刺激，更加談不了。

郭部長，四十一年度中心工作：

去年度的檢討，年終總統的校閱，一月份軍事會議，三種資料。

1. 加強防衛設施：機場港口，軍事工程與美方合作，防空亦屬重要。
2. 提高軍隊待遇：輔食金 58 元，青菜在外，比大陸好得多，已達營養最低需要。
3. 增加軍需生產：利用美援充實設備，三年以內一般武器可以自給。
4. 籌劃反攻準備：研擬有關制度，充實游擊隊的裝備。
5. 新建軍事制度：本養兵于民的原則，仿法士制度，軍事教育深入民間，平時費用減少。訓練國民兵（省府去做），幹部訓練二千五百人、國民兵十一萬人，又老弱士兵的安置一萬四千人。加強學校軍訓，加強政工，七大要求、四大運動，普遍建立實踐制度。

   上級做起、官長做起、自己做起、小事做起。主管任期制度（二年，校長三年），屬行總動員。

3 月 5 日　星期三

下午三時第 306 次會議。

本日為中國童子軍節（第廿六屆童子軍節），為感謝領導及扶助起見，上午十時聯合組織致敬隊（約八十人）到中央黨部致敬。

克拉克大學來函證明續學一年事。

陳院長公館，秘書長座談會（三、六）

紀念節應重新釐定，如光復節等。華僑觀光團希以

聯合招待。拜年、生日等繁文縟節。少時失業之事儘量
減免。近日士兵寫信擁護總裁，刊頭主義。整理鹽務，
二月份已達三萬五千噸（原為一萬七千噸），今年至少
可達三十五萬噸，即增加了十萬噸，明年開始製精鹽。
大陸產區往年 300 萬，共 350，將來可達 500 萬，半數
可借化工原料。每噸以十五元計，鹽稅一項可收八千萬
元。財政目的亦可達到，比三七五更有意義。

大法官人選問題（三、六）

雪艇： 大法官任務可解釋憲法及統一法令的解釋，
十七位法官，陷在大陸及辭職死亡者十五人
（四人死亡，一轉職〔林彬〕，一辭職，梅
汝璈通緝中）。依會議規則，九人出席才能
開會，至少須補七人，方能行使職權。先補
七人，憲法明文規定須超出黨派以外。

亮疇： 物色人選黨相當人選，注重人才，兼顧所規
定的幾款，區域須從大處看，但東北與台灣
須各有一人，一省不能有兩人。事先均未曾
接洽，徐（能力好）、何（資格好）、史尚
寬（前曾被否決）。

谷鳳翔： 這一環相當重要，要使死的憲法變為活的憲
法，應以政策決定人事。

總裁： 研究一下再作決定。

3 月 6 日　星期四

提要

立法院院長提名

動員會報第一次會議

訪馬星樵

大法官人選

秘書長座談會

下午三時半文化出版委員會所屬出版、編審兩委員會聯席會議。

上午九時總統府會談，大法官人選問題。（見三、五）

下午六時半陳院長公館，秘書長座談會。（見三、五）

上午十時舉行 307 次會議（總動員運動會報）。（見三、七）

總裁指示：下一次會報，由國防部第四廳負責同志講行政三聯制。

鄭彥棻兄介紹毛松年同志來見，渠新自緬甸回來，談緬甸黨務甚詳。

十二時三十分本會在光復廳宴請立法院本黨同志，全體評議委員作陪，總裁親臨致訓，提張道藩同志為立法院本黨候選人。

總裁訓詞：同甘苦共患難，各部門均有顯著進步，一天天上軌道，向制度化前進，殊足欣慰，今後格外要團結一致，共同努力。要奠定民主基礎，責任在立法

院，樹立五權憲法的規模，這三年難關能夠渡過，實在很不容易。現在站穩了，現在要進一步恢復國土，比兩年前工作難，要費力，這是整個世界人類存亡關頭，我們要使民主國家看得起我們，那還不夠得很。為充實立院陣容與精神，使對內對外耳目一新，特提張道藩同志，如早日告一段落，今後格外有進步。

姜伯彰：每人均有資格，院長責任更重，張同志多負
　　　　一點責任。以前一度辭職，乃是以退為進，
　　　　出處非常慎重。伊尹之志，經總裁與改造會
　　　　敦勸，陳辭修有很好成績表現，國際地位一
　　　　天天增高，張亦將國家有貢獻。

魯蕩平：不得總裁同意，決不活動。

　　二時訪馬星樵，談李福林追悼會問題。代表大會問題宜求團結，我們力量不可分散力量。立委廣東籍五十幾名，道藩應去拜訪一下，國大非開會不可，並望早點來。

3月7日　星期五

　　中午約請二組同志敘餐＊。秘書談益民，專委馬濟霖、許君武、龐舜勤、劉寄生、熊叔衡，總幹事韋安仁、王家樹、李煥，編審周世輔，一組陳建中，三組孫宕越。

　　下午六時舉行中國新聞公司第五次董監事會。

　　下午三時第三○八次會議，專案討論匪情研究：（一）共匪文化工作之研究；（二）共匪一九五二年「中心任務」的研究。

　　上午九時至十一時五十分研究院演講，綜合講述以
二小時為準，以闡明總動員之意義及與四項改造運動之
關係為主。

總裁訓詞（總動員運動會報）

　　應有一總目標，二十年從政至今，因對內對外軍事
忙碌，每年沒有決定大的政策目標，共同一致地來做。
有幾年安定一點，也曾經定過，但往往有頭無尾，沒有
結果，死了同志人民這許多人，仍無進步。痛定思痛，
前事不忘後事之師，從前弊病是國家裡面有許多國家，
政府裡面有許多政府，人家視我為殖民地劣等民族，不
以平等地位待我。以後不要各搞各的，務要分工合作，
科學精神在此。總動員會報不要當作普通一件事，去年
各部廳會都是十分努力，成績比大陸上好得多，但與現
代國家的標準還差得很遠，彼此不相聯繫，互相牽制、
摩擦，最後的思想。今天會中不論同志非同志，都為革
命而努力，本位主義必須袪除，四部門召集人怎樣指導
聯繫，經濟尤其重要，一切計劃督導考核都要統一。從
前毛病有所謂軍閥、學閥、官僚資本、大家劣紳，沒有
一個地方沒有軍閥一類的毛病。國家滅亡可以復興，精
神上為人看不起，是歷史最大的恥辱。運動要統一，各
種業務步驟要有整個計劃，今年一年之內要有結果才好
（談訓詞「科學的辦事方法」）。總理常常說，沒有一
個國家不用軍事的方法，來達到民主的目的。家庭、學
校無形中都要養成軍事生活，惟有主義與精神，才能打
敗科學的進步。已經兩個多月了，務要以積極自動的精

神，爭取時間。

同志敘談 ＊

龐舜勤： 第二組編制太緊，可否設副總幹事。福利委
員會應積極發展。

韋安仁： 特種黨部請求補助經費。同志儘量介紹工作。

周世輔： 醫療問題可否與國防醫學院接洽。

陳建中： 分工是否合理，是否合於戰鬥要求，敵後工作
應有一套策略，把四項改造運動發展到大陸
去。思想溝通以後，還待組織加以貫澈。第三
勢力問題。

3月8日　星期六

提要

總動員綱領

方覺圻

陶希聖傷足

黃文山

　　下午三時理論研究委員會第二次會議（召集人陶、
曾、羅）。

　　下午六時半在鐵路招待所招待黨營事業董事長與總
經理。

　　下午一時光復廳歡宴四十一年度模範婦女，余代表
致詞，呂錦花（陳尚文夫人，翻譯）、張希文、王冠華
（省黨部）、皮以書、沈慧蓮等致詞。

　　上午九時起假介壽館廣場舉行婦女運動大檢閱，暨慶祝三八婦女節紀念大會。

　　黃少谷兄寄來「國家總動員計劃綱領草案」，並附以函云：「基於上列依據（共十二件），參採各方意見，斟酌目前環境及實際需要，甄綜近年政府各項措施，擬成『國家總動員計劃綱領草案初稿』。對於綱領草案內容之分類，各種動員項目所列舉之要點，動員機構及動員實施之程序，以及全案之配合聯貫，復經一再考慮，經過多次修改，並徵詢有關各方之意見，始行定稿。」

　　方覺圻兄函：「弟近為電台譯述宣傳資料三種，業已分別廣播，茲檢呈斧政。又前為唐署長上俞部長書一通。」

　　馬積祚來函：「弟所主大新鋼鐵行邀請之士有林繼庸、陳廣沅、鄧翰良三君子，皆忠良之儔，林先生尤豪俠，有舊作在西北感想一文……復國保民，經綸萬方，端賴多士以奮耳。」

　　研究院陶總講座失慎傷足，一時不能痊愈，課務由崔書琴代理。

　　黃文山寄來 *New School Bulletin*，渠在該校授中國文化史與文化學大綱。

上星期反省錄

　　葉外長三月五日面交美代辦藍欽公使備忘錄及當時談話記錄。備忘錄：「美國政府以對日媾和主持者之身分，對于現在進行中之談判之安排所予之協助，中國政

府殊為感紉。中國政府希望美國政府將：（一）對日本
政府強調其意見，即現談判中之條約應以金山和約所規
定者大致相同之條而締結；（二）表示其支持上列中國
政府所採取之協調立場，及對日本政府運用其最大影響
力，俾此遲延已久之條約，得以及早觀成。」

【原稿缺 3 月 9 日至 14 日，依張行蘭抄錄本補錄】
3 月 9 日　星期日
提要

中山學社

台灣之土地

緬甸論壇報

梁嘉彬

台灣經濟社會安定計劃

歐陽駒

　　中山學社，假座西寧南路蓉村聚餐，計劃社員五十
餘人，當擬定馬超俊、張知本、蕭同茲、李大超、方
治、黃季陸、陳逸雲、鄧公玄、邵華、劉鎧鍾、黃仲
翔、蘇紹文、傅啟學等二十一位為籌備委員，並推定五
人為召集人。

　　台灣銀行經濟研究室贈閱「台灣之土地」（台灣研
究叢刊第十種，于景讓主編）及「台灣銀行季刊」四卷
四期各一冊，季刊載有陳正祥「台北市之研究」一文。

　　丁作韶等自緬甸寄來「中國論壇報」，仰光學荷坦
22 號。

地方自治半月刊，翁鈐發行，載有楊西夫「台灣植物區之研究」一文。

梁嘉彬君贈送論文二篇：中日兩民族間的血緣問題、明代以前中菲關係小考。

王世杰函（三、十九）：「總統交下『台灣經濟社會安定計劃綱要』，並奉批：『此一意見中甚為重要，應交中央設計委員會與行政院設計委員會研究，並擬議具體辦法呈核。』」

蔣經國函：「總裁三月十五日批示：派歐陽駒同志繼任南方執行部主任」。

3 月 10 日　星期一

提要

自傳

黎少達

楊暉

慶祝紀念日辦法

上午十時圓山紀念周，沉痛的反省與警惕。

十二時半招待民、青兩黨立法委員，為院長選舉事（在上星期六舉行）。

下午三時第 308 次會議，各種紀念節日應如何慶祝，決定：

（1）全國或全省民眾參加之節日，僅為國慶日與光復節。

（2）各業節目以各業人民參加為限，務做到自動自發。

（3）為節省人力物力，今後舉行大規模群眾大會越少
　　越好。

（4）關於各業各種紀念節日如何慶祝，由第二組會同
　　第四組及內政部商討後，報會核定。

　　下午六時半反共抗俄總動員運動會報文化組第一次
會報。

　　青年黨陳啟天兄來談。

　　向研究院借閱十五、十六兩期中央選送受訓各同志
自傳三十三份。

　　黎少達來見（教育廳專門委員，廣東梅縣人，曾任
僑委會文化事業科），攜陳雪屏介紹信：「關於中華文
化出版事業委員會由本廳調人經辦，並擬在南方資料室
辦公各節，經調由本廳專門委員黎少達同志負責辦理業
務，並已洽妥在南方資料室二樓辦公。」

　　楊暉，字東白，三十七歲，梅縣人。高等考試及
格，中政校畢業，中央印製廠廠長。濟南路二段六十九
號，廠址三重埔錦通里 259 號。

3 月 11 日　星期二

提要

楊愷齡

現代叢書

疏散基地

總裁撥案

張道藩當選立法院長

　　上午十一時總統府會報，談對日和約問題。

　　下午三時 67 次工作會議，本會覓地疏散，房屋基地以新店青潭稻子園坑為合適，計一〇八坪，租期二年，租金一萬五千七百三十元。本會購頂齊魯公司杭州南路一段 33 號房屋，為二、六兩組辦公之用，購費二萬八千元，修理費五千元。第二組在中和鄉搭蓋宿舍，三萬餘元。

　　花蓮縣長楊仲鯨偕主任秘書劉燕夫來訪。

　　楊愷齡（江蘇無錫，行政院設計委員會委員，潮州街 62 號，9336）贈送吳稚暉先生書「蔣金紫園廟碑」一書。鈕院長介紹信：「吳稚暉先生墨寶整秀剛勁，久已為世所重，最近楊君愷齡為之搜集精品都數十幅，擬為影印流傳，並饜世之同好者。」

　　劉培初著「民眾運動與理論與方法」。

　　擬訂現代國民基本知識叢書（第一集）擬目一百種。

　　讀宋教仁著「二百年來之俄患」，辛亥正月，文物供應社重印。

周宏濤函：「茲送上民國十八年至二十六年有關黨政、外交及財政、經濟重要檔案概述抄件二份，奉總裁諭，請代核正等因，叩請審察為幸。」附兩份。

立法院院長選舉於上午十時舉行，綜計出席立委501人，道藩得票353張。

3月12日　星期三

提要

陳逸松

中央日報錯誤

羅才榮

查良鑑

總理忌辰

總理逝世紀念日，黨部舉行簡單儀式，由羅志希報告。

考試委員陳逸松函：「吾兄於百忙中將家兄冤情轉達陳院長澄清，令弟感佩無已。吾兄推此仁人愛物維護正義之心，而重建吾黨復國平天下必指日可待也。」茲經高院裁定再開辯論，諒能依法裁判無疑。

捐助寧波同鄉會會費五十元（收據0003677）。

下午三時第309次會議。本日中央日報第一版，刊登國父逝世紀念國防部總政治部文告中「我們幸有偉大領袖蔣總統」一句中「偉大」誤刊為「偉小」。該報迭次發生類似嚴重錯誤情形，決定由四、六、七組各推定一人組成小組，於兩週內澈底清查該報發生錯誤之原

因，以供處分責任之根據。

第二組副主任張明同志另有任用，由羅才榮接充。四二，四川瀘縣，中央軍校十期政治科，三民主義青年團幹部訓練班一班，及革命實踐研究院八期畢業，曾任重慶支團書記、重慶市黨部副書記長、台灣省青年服務團副團長，現任台灣省東部防司令部政治部主任。

查良鑑自美來函：「毛向案最近獲得缺席判決，為時不過三月，美國聯邦地方法院辦事認真，態度公正，洵堪敬佩。毛邦初第二次逃匿，已足證明其本身貪汙。其以前對政府之詆毀，顯為一種避罪之煙幕，毫無理由……本周泰晤周刊記載之文字，竟代我政府辯正，此種△上之同情，於政府之威信實可獲得良好之影響。」

3 月 13 日　星期四

上午十時第 310 次會議，總裁主席，由余與雪屏、正綱分別報告。

由余報告四十年度工作重點之檢討：一、主義之闡揚與政策之研究；二、黨政關係之確立；三、組織訓練與宣傳工作之開展；四、幹部政策之實施，及建議今年應加強訓練、考核、設計、財務與人事審核等部門工作。

總裁指示：鹽民、漁民生活之改善，為本黨政策推行之成效，在宣傳上應妥為運用。

下午三時半至五時二十分，在國防醫學院講中國革命史。地址台北水源地，電話 2547、2187，聯勤第三，三民主義講習班副主任楊文達院長。

康啟楷在峨嵋街四十九號宴請，辭。東京政治經濟
新聞社，台北市武昌街二段 50 巷 16 號，東京都中央區
日本橋兜町二丁目五六番地。

3 月 14 日　星期五

提要

李中襄

鄭彥棻

上午十時在陳院長官邸舉行對日和約研究小組會議。

中午約請三、四組同志餐敘。三組專委孫宕越、李
穆堂，總幹事林泗水，編審朱盛荃、麥思源、陳伯中、
余鳴傳。四組秘書周天固，專委唐棣、董兆孚。

下午二時半駐巴拿馬公使鄭震宇來訪，以報告一件
請轉呈總裁。

下午三時 311 次會議，討論行政院所送國家總動員
計劃綱領修正通過。

立法院院長張道藩提李中襄為立法院秘書長，通
過。李中襄，五五，南昌，唐山大學工學士，參政員，
戰時新聞檢查局副局長，江西民政廳長。

鄭彥棻由曼谷乘機飛西貢，開展越南工作。

3 月 15 日　星期六

提要

現代國民基本知識叢書

　　六時半文化出版事業委員會出版第三次會議。教育廳黎少達。＊

　　下午五時第廿一次講座會議。

　　正午十二時直屬第二小組第 20 次會議，唐縱主席，蕭自誠專題報告，谷鳳翔社會調查。

　　上午十時半總裁召見，談大法官問題，與宏濤談幹部政策。

　　下午四時陳院長官邸舉行對日和約研究小組會議。

　　下午三時理論研究委員會第三次會議，召集人曾虛白、羅時實、陶希聖。

　　下午三時本會談話會，討論外交問題。

　　＊中國文化基本叢書卷帙浩繁，以影印為宜。在設備未置妥前，擬預籌一五〇萬元，先印現代國民基本知識叢書第一輯一百種，書目通過，分三期（五、六、七第一期三十種，八、九、十第二期三十五種，十一、十二第三期三十五種）。每書字數以八萬至十二萬為限，由台灣省教育廳先撥四十萬元，以為定購印書紙之用。聘請黎少達為總幹事，邵祖恭、唐昌晉為編輯。

3 月 16 日　星期日

　　上午九時至十二時，在重慶南路省立第一女中學大禮堂公祭李故委員福林先生，九時為本會公祭時期。

3月17日　星期一

提要

總裁訓詞

曾、左、胡集

上午十時圓山紀念週。＊

下午三時第 312 次會議，政治作戰計劃。

＊總裁：不緊要的話我不會說的，常識最重要，制度還在其次。制度是百年大計，常識是現代生活必須具備的知識。從前有一笑話，「米是樹上摘下來的」。國旗要交叉著掛。要把常識拍成電影，做到老、學到老，學到老，學不好。台灣民眾似乎活潑起來，但因此也有不規則的行動或流氓式的行動，警察對民眾應隨時加以指示。陸軍軍官招生，投考四千多人，普通學校畢業生不過五百多人。黨務、軍事、政治平時沒有聯係，沒有做宣傳工夫。簡化法令規章趕緊要有報告，軍法與司法管理的範圍，在一個月內要趕緊決定，與共匪有關者及走私由軍法處置，戶政歸警察辦理，兩個月之內一定要辦妥。都市房屋的使用辦法，炸毀房屋至今尚未修復，五、六年了，市容非常不好看，應租給政府另行建築，三月之內一定要有解決辦法。去年五月衛生清潔檢查，去年沒有好好準備，每年應檢閱一次。舊士林馬路旁養豬、養雞，日據時代決不是這樣。無業遊民一定要使其強制勞動，轉入生產建設方面。推薦人才不注重我的話，轉來轉去都是老人，在研究院裡面有很好成績的人。文字制度特別要研究。限田政策與戰士授田制

度要實行。

　　張廷休函：「胡林翼集業已付印多日，現正裝訂中，日內即可出書。左文襄集因刊本搜求不易，擬商台大補作影印，尚未洽定。曾文正集世界書局自願重印，業已進行有日，須一、二月後始能出書。」

3 月 18 日　星期二

　　下午六時半商談出版現代國民基本知識叢書。

　　上午十一時總統府會談，中日和約問題。 ＊

　　下午三時第六十八次工作會議。

　　下午六時半端木愷宴請，因事未赴。

　＊葉：昨三時至六時開會，連日非正式接觸，最大困難在賠償。日本國民在海外資產百分之八十在中國，價值二十億美元以上，台澎財產都拿過來，等於沒收。日本只有這麼多技術人員，這辦法本身不會有好效果，又引了總裁寬大之旨。葉說軍民死二千萬人，每十家有一家受損害，你們財產與損失不成比例。這是協助性質，表示協助我們建設，實施範圍過去曾表七十天。我與美國不談此事，中國考慮出於極不得已，倭島表示對上院最難控制，中國對日寬大，不要服務，則容易通過。

　總裁：這是政策問題，我不主張要求賠償，我們給日本以最大的恩惠，日本要爭因為于日本有一最大好處。

張厲生：我們不可爭名而不務實，這樣和約可早日

　　　簽成。

　吳：　得罪了菲律賓。

總裁：　去年把我們當什麼？

　葷：　美國批准和約不以我國為先決問題。中日之間
　　　　你不信任我、我不放心你，最後一張牌不肯先
　　　　攤。我們到了台灣，當然已經打了折扣。

正綱：　政治主權第一，經濟利益次之，勞務不妨
　　　　放棄。

3月19日　星期三

提要

放棄賠償

　　下午七時丘斌存在新蓬萊三樓二室宴請（成都路）。

　　上午九時至十一時五十分，講述「四項改造運動
之研究」（陽明山），分組講述提前於上午總講述之後
舉行。

　　外交部葉部長報告：關於我方所擬「和約初稿第五
章第十二條（甲）項一款，規定以日本人民服務作為補
償一節，迭次與日本代表談判，難獲協議，致談判不能
進展。」……行政院會議決議，「為貫徹我國政府對日
寬大之一貫政策，並使中日和約談判不因此項規定而破
裂，授權葉部長主動予以放棄。」

　　下午三時第 314 次會議。

3 月 20 日　星期四

提要

蔣夫人茶會

美參院通過對日和約

　　（星期五）中午約請四組同志餐敘。專委朱景熹、吳春熙、徐詠平，總幹事高蔭祖、宋念慈、屠義方，編審周酉村、吳敬基、吳紹璲、鄭清漢。

　　下午四時人事審核委員會第九次會議。

　　下午六時半湯元吉先生宴請孫洪芬，因事未往。

　　上午十時第 315 次會議，第三、四、五、六、七各組主任報告，陳院長報告。（見三、十五後）【原稿以下報告分置於三月十五日後各頁，由張行蘭謄抄於此】

袁守謙報告

　　縣市長與議員選舉完成，立法院各委員會召集人由抽籤改為選舉，從政黨員優秀分子正由一百三十幾個單位選拔中。建議之點：非黨員任政務官者亦應提本會通過，辭職亦須通過。議員品質良莠不齊，有爭權奪利的現象。黨團運用不夠靈活，以後必須事先控制。

　　國大代表一一八三人，本黨九八七人，參加組織者九一一人（有七六人尚未參加組織），青年黨八，民社黨五七，社會賢達五五人。

　　立法院情形，黨的決定都能貫澈，少數同志不遵從黨的決定，交紀律會處理，雖有進步，往往很周折、很費時間。以後各部政務次長應與各委員會事先交換意見，應可減少困難。

監察院黨部成立，經多次疏導，終能遵守決定，發佈新聞亦已訂定辦法，較前慎重。

從政黨員管理，行政、司法、考試三院均已成立政治小組，司法院開過七次會，省級政治小組與政治綜合小組均已成立，惟效率不高。縣級亦普遍成立，綜合小組發生作用較大。

本黨中樞雖有糾紛，地方力量卻很活躍，並有大批經費接濟，地方派系關係參加在裡面。

蕭自誠報告

新聞從業人員的團結較前進步，各報越軌競爭互相攻擊之風已趨消歇，不可超出工作競賽之外。社會新聞不可離開法治與教育觀念，不可渲染，報館不宜為審判廳。現在比較慎重，過去拿辦報為名，以廉價配紙在黑市售出貿利，去年九月起開始核實供應。全省報館二十二家，平均每月需紙二十三萬噸。

總統復職以前，出版界很沉寂，現在活躍起來，周刊十四種，每月銷行八萬四千份，共計雜誌 172 種，有十一種雜誌受本黨資助。

電影沒有一負責機關管理與指導，電影片進口商頗有在政治上負過責任者說情奔走之事。國產片太少，原因由于經費人才太少。

廣播設有輔導委員，每週開會，商量節目等問題。

戲劇有台語劇團及布袋戲、歌仔戲等，巡迴演出，到過七十幾地方，觀者幾十萬人。

對日和約予日本記者種種便利，我們的稿洩露事，由字紙簍證明係日記者所發。日記者三號起開始研究，

七日擬條文，共同社中村敏所做，八號見報，序文不對，二十條對了一半，足證我方的稿並未洩露。

唐縱報告

社會調查與組織有關，要發動全體黨員來做，六組沒有派人，得到經驗，自己派人不一定是好辦法。

去年社調共計三八〇〇件，屬于政治改革者一四〇二件，黨務一二〇〇人【件】，治安二七〇件，匪諜90 件（沒有重大線索發現）。海員與漁民戶籍問題之解決乃得力于社調。一般問題應本直接處理的原則，地方上解決了，屏東縣恆春營房之攤派，亦得豁免。

舉行自清運動，應知政治教育重於保密防諜，過去我們歷次反共成功，今後還是一定要成功的。我們失敗原因，由於許多技術、策略、陰謀我們不曉得。把肅奸工作交給少數人。

李樸生報告

去年雙十節與偽國慶之比較，雅加達共方不到十面，我們有一萬多面。過去許多人不敢過問黨務，對黨堅貞的人往往不是有錢的。本黨在危險時期，比較單純團結，現在黨務開展就比較複雜，糾紛也較多。各地僑團用選舉方法奪過來，但黨內選舉就不易團結，需要技術與忍耐。第三勢力須注意，中國之聲每年寄至曼谷五千多本。共匪因「五反」勒索的結果，不能公開鬥爭，於是用滲透方法來挑撥分化。菲島青年組織的糾紛，挑撥者證明是共產黨。

英國在馬來亞鼓勵反共，但為英國而反共，詢問與台灣有何關係。香港童子軍的領隊不能返港，領導人才

在當地找不出來，訓練一批人到那裡去，但入口不易。經費沒有辦法，中央派人易有信仰，派往曼谷的人不少，但對當地情形並不熟悉。經費若就地來籌，發生不好影響（打秋風）。

當地民族主義抬頭，排華空氣，官僚政客借此搞詐，泰國身份證增加二十倍，抗議尚無結果。

何香凝廣播，共匪非常陰險。馬來亞對僑校課程限制日嚴，下一年度課本發生問題，土化與赤化。

郭澄報告

黨營事業組織人事日趨健全，董事長與總經理職權劃分清楚，預算與決算制度已經建立。去年度贏餘共計二百四十萬。本位主義並未泯除，尚未能由機關化做到企業化，管理費用太大（裕台公司佔贏餘額 7%，有的佔 29%），黨營事業並無公營事業的便利，亦無民營事業的自由。各機構的資產總值四千萬（最多為廣播公司）。

陳誠報告

勞役賠償主張自動放棄，但日方必從我們所堅持之其他各點。第十條（通商），日方大體接受我方意見，用換文方式，二十一條亦同意放在和約之內。實施範圍日方主張用原接洽過者，並用換文方式。

蔣勻田轉達張君勱信，不可因小失大，只要能簽和約，若干條文可以放棄。

今晨李幹、霍寶樹來電，美政府鼓勵美國國民向國外投資，外匯匯率合理調整，戰爭損失政府予以保障。

地籍總歸戶本月底做好，由地主轉移到自耕農，需

要相當補償。限田政策有寬嚴二說，嚴要美金五千萬，寬亦須三千萬，施幹克表示願意幫忙。地主所得資金可轉移于工業建設方面，肥料廠與電廠需要增建。

總裁指示

　　放棄勞役賠償，盟國地位不可損失。放棄係自動的，此為恩惠，日本承認應該賠償，我們表示可以放棄。東亞反共大計不能沒有日本，對大陸同胞救命第一，賠償次之，旁的國家要賠償，日本對我自有感惠。此為政治上的優惠方針，爽爽快快的放棄。

　　下午五時總裁及夫人在官邸招待中樞要人夫婦，共二百餘人，吃春捲、棗泥餅等。

　　下午六時在陳院長官邸討論中日和約問題，九時散會。

　葉：不可弄到反賠償。

　雪：台澎公產歸還不可能，補償還不起，沒收何
　　　必寫。

少谷：昨天下午葉與河田晤談，牌打出了，自動放棄，
　　　不可因新問題而耽擱。兩次大戰以來，國際公法
　　　已不存在。

　羣：我不知道總統這樣急，他實在是「當機立斷」。

　吳：台銀準備金尚在日本。

陳誠：歸納為三個辦法：（1）居之不疑，索性不談；
　　　（2）根據金山和約第四條乙款，中國政府已
　　　處分者為有效；（3）我不放棄立場，列入同意
　　　紀錄。

美參院以六十六票對十票，通過對日和約。

國立東北大學同學會來函。

3月21日　星期五

下午三時第 316 次會議，專案討論社會調查。

十一時半總統府會談，中日和約問題。＊

下午六時第六次董監常會，談第一〇一期以後中國一周改進問題。

＊葉：　與藍欽談過，藍謂日本不應再有問題。杜勒斯在金山和會開幕時有一段話，艾卿說是充分代表美國態度及希望。承認韓國，則其領土人民與政府財產當然是韓國的。台灣公產日本無權過問，但私產與債務極為複雜。根據第十二條處理，藍欽以為台銀、台糖之類不成問題。

王世杰：　須過細考慮，不可忽視其嚴重性。

　葉：　台灣日產估計一百三十億日圓，以三比一計，約值四十億美元。

總裁：　日產問題不提的好，不提反而引起糾紛，以後事情再說。

3 月 22 日　星期六

提要

港澳知識分子

羅香林

狄膺

　　王世杰函：「關于美國眾議員周以德發動美國社會名流組織委員會籌款救濟我在港澳知識分子一案，經葉部長公超約集會商，擬定四項辦法，經呈奉總統批『交張秘書長、唐主任核議具報』等因。特抄附本案節略一份送請察閱，辦理見復，並希酌商葉、程二部長為荷。」

　　羅香林函：「承示撰作國父學說與西洋思想之關聯，預計須半年以後始能略有所成耳。近日已構思尋出頭緒者，有康德與達爾文二家，茲先奉上『國父與美國林肯總統思想上之關聯』一短文。」

　　狄膺函：「林主席年譜初稿係鄧㚤魂交弟，弟請羅志希攜黨史會整補，非弟所撰編也。」

　　內政部調查局報告彰化市長選舉情形。杜錫圭所耗金錢達三十餘萬元之鉅，大部用於複選時之收買選票。賴通堯落選。杜為白派（基督徒），賴為紅派（佛教徒）。

　　中央信託局送來四十年度業務報告一冊。

　　台灣紙業公司各種紙樣。

3月23日　星期日
提要

中國一周第一百期

上午九時至十一時五十分，本院課程改革之研究，集體討論。

李慕白主編「新生力」月刊，本年四月號出版。

英文自由中國月刊三月號出版。

3月24日　星期一
提要

總裁訓詞

文化會報

下午六時半第二次文化會報，由蕭自誠、崔書琴、王超凡會同擬具「反共抗俄總動員運動文化改造運動實施辦法」草案，有關爭取港澳工商界人士與思想改造。

下午三時六十九次工作會議，未舉行。

上午十時圓山紀念周，高級班第三期、研究院研討會第四期。＊

陳誠函：頃接三月二十四日手示，並附中國青年反共救國團學校團務高中以上學校學生軍事訓練配合實施要點一份，均敬誦悉。弟對此無意見，惟不知學校黨務、團務以及訓導、軍訓等事，將來對于性質業務如何劃分，學校辦理如何保持，對于學制（如在校期間是否延長）如何規定此數者，已否注意及之，特提供吾

兄參考。

　　＊總裁訓詞：去年九月十七日以後，對整頓教育講過多次，這樣奇恥大辱，應有臥薪嘗膽苦心焦思的覺悟。反攻復國的重大責任，豈可悠悠忽忽地過去，負責同志無志氣、無血性、無決心，這怎麼得了。總動員講了三個月，平平常常的不曉得責任所在，各部分主管沒有覺悟到復國的中心幹部。教育我已經講得太多了，要重質、重精神，光復以來，好風氣變壞了，輕浮囂張。日據時代沒有壞的風氣，太保學生在車上打人，你們不切實體會，要負亡國的責任。軍隊射擊比賽，台灣士兵比內地好，今後要從根本上著手，從前粗枝大葉，總動員究竟做了多少！

　　閔侯海域著「對日和約問題」（自由出版社）。

3 月 25 日　星期二

提要

董顯光演說

邵祖恭

和約

　　下午六時半宴請裕台公司董事長胡秀松、總經理洪範馳、廠長顧筱園。

　　下午六時張道藩、胡家鳳、陳良、董顯光、連震東、陶希聖、周鴻經在鐵路招待所宴請。

　　下午三時第 317 次會議。

　　上午九時半邀請有關單位首長，洽商本黨本年度經

費領支及報銷問題具體辦法，以符法定手續。

上午十一時總統府會談。＊

郭澄函：邵祖恭同志調派中華文化事業委員會工作，並派俞勗成同志為正中書局總稽核，並准邵同志仍住正中宿舍。

＊張　羣：大使問題已經解決。

王世杰：河田究有中國氣味，倭島態度不友善，帶幾分威脅。

葉外長：大竹（Otake）來台商經濟合作，對他特予優待，實施範圍擬加「中國主權下」字樣。民間航空不可互惠，木村希望進步快些。

王寵惠：關于開羅宣言，由報紙說話，外交部不必說。

總裁：擬由總統名義作一演講，宣傳應與和約內容配合。

葉：這個和約千萬不可讓共黨利用，此係美方意見。

總裁：用領土二字，主權當然包括在內。

葉：產業問題，韓國亦有同樣情形。昨與金弘一談過，過去韓國地產房產三分之一屬于日本，在日本有韓僑七十萬，其中左傾者十五萬人（有八千人關在牢內）。台灣人民兩個希望，解決：（1）保險費；（2）戰時公債。

3 月 26 日　星期三

韓國李大統領誕辰。

下午三時 318 次會議。

汽車問題

（1）根據動員之原則，作合理之調配使用；（2）不合理使用之車輛，應予糾正取締。根據此原則將原案文字修正，送行政院主管同志詳細研究調查，擬具具體辦法，再提會核議。

港澳難胞問題

說明：此問題由於目前國內外局勢的轉變，與港政府宣佈將於三月底停止救濟，及匪偽人民救濟總會在港積極展開活動後，已成為極嚴重的政治問題。

附件：一、流亡港九志願從軍難民徵集及使用計劃

　　　二、安置港澳難民生產計劃綱要

　　　三、搶救流亡難胞實施辦法

沈昌煥：1. 國外僑胞（包括港澳）請發出國護照手續之簡化辦法。

　　　 2. 華僑子弟（包括港澳）歸國就學之積極協助安置辦法。

　　　 3. 港澳華僑子弟自費留學，應予以一切便利。

國際問題研究會報告

舊金山自由亞洲協會顯有鼓勵第三勢力之嫌，我有關機構對之應具警覺。

3月27日　星期四

下午二時裕台公司第二屆第一次股東會（衡陽街六十四號二樓）。

晚七時黃朝琴請吃飯（新中華食堂）。

下午四時在本會圖書館召集各區分部委員，舉行第四次聯席會議。

下午七時程中行宴請（忠園）。

下午一時士林官邸。

上午十時第 319 次會議。

陳誠：最好請總裁對于每一問題之指示，先問一問主
　　　管單位，不可以一時之憶想來責備主管人員，
　　　以免文不對題。並請總裁如欲舉辦某一事業，
　　　先看一看施政方針及預算，如施政計劃有缺點
　　　或遺漏，即在計劃中糾正，不然恐影響整個計
　　　劃與預算。又限田二字不很妥當，因限田僅為
　　　達成耕者有其田過程中地清權的一環，不如用
　　　「耕者有其田」為妥。

外交部東亞司鈕專門委員報告：木村迄以為四月五日以
　　　前可以簽字，但外務省如有其他意見，則恐又
　　　將延遲云。日本產業經濟新聞社記者長谷川仁
　　　稱，東京方面現估計金山和約可於四月十八日
　　　生效，外務省此種拖延戰略，與金山和約生效
　　　日期問題或不無關聯云。

3 月 28 日　星期五

　　中午約請五組同志餐敘。秘書張泰祥，專委袁觀賢、皮天澤，總幹事楊有壬、侯暢、林傲秋、張雲漢，編審蕭新民、李樹勛。

　　正中書局股東會，下午二時在鐵路飯店舉行。

　　下午三時貴陽街 58 號裝甲之家舉行茶會，歡迎四十一年度優秀青年。

　　上午十時青島東路十號裝甲兵俱樂部，舉行中央日報第三屆股東大會。

　　下午三時理論委員會第五次會議。

　　下午六時半，余與周、谷二副秘書長宴請于院長及其二位公子（鐵路招待所）。

　　下午八時審查梁漱溟著「中國文化要義」。

　　陸軍指揮參謀學校政治部主任汪貫一（道吾）來訪。

　　第四組報告：四十年度台灣省廣播無線電收音機徵收收聽費約合一百三十餘萬元，該項措施既能減輕國庫負擔，而對於發展廣播事業，尤著成效。

3 月 29 日　星期六

提要

革命先烈紀念日及第九屆青年節

葉外長

鏡兒論文

　　特種黨部第一次代表大會開會。

　　今年第九屆青年節的慶祝，是以總動員為目標，以

四大改造運動為內容，以組織「青年反共救國團」為開端。須知這是本黨青年運動邁入一個新興階段的起始，亦是本黨革命由低潮趨向高潮的轉捩點。

下午六時招待留日華僑青年回國觀光團。吳國楨、黃朝琴、倪文亞歡宴優秀青年（警務處大禮堂）。

總統府第三局函：「本府定上午十時在圓山忠烈祠舉行革命先烈紀念暨春祭陣亡將士典禮。」

上午九時總統府廣場舉行自由中國青年慶祝第九屆青年節大會。

上午十一時至十二時，特種黨務第一次代表大會開幕典禮在陽明山莊。四月二日監選員致詞，八時至十時。閉幕典禮十一時。

鏡兒寄來碩士論文摘要「台灣農業地理」，佛爾民堡（Samuel Van Valkenburg）教授指導。

下午八時中國國民外交協會中韓文化協會，在裝甲軍官俱樂部歡迎韓國親善訪問團。

外交葉公超面告藍欽：在中日商約未生效前，我政府不能同意撤銷遠東委員會及盟國對日委員會。藍欽電告國務院。

3月30日　星期日

提要

旅日華僑青年回國觀光團

鏡兒來函

旅日華僑青年回國觀光團共三十三日【人】，均為

我國留日各大專學校之優秀學生，擬留台一個月，除孫團長外均台灣籍。團長孫德成，二七，河南安陽，慶應大學，現任留日同學東京同學會主席。副團長徐毓芝，三〇，台北，慶應大學研究生。黃樹芝，二一，台中，東京工大，現任留日同學東京同學會副主席。

鏡兒三月廿九日來函：論文原稿在裝訂中，十日後當可完成。系中師長對男論文之方法與結構頗多好評。

3 月 31 日　星期一
提要
歡宴特種黨部代表
論兵民合一

下午三時第 320 次會議。

下午四時舉行司法小組第二次會議，在袁企止家中。＊

下午七時何成濬、姚迺崑在圓山大飯店宴請。

下午五時五十分假研究院勵志餐廳歡宴特種黨部第一屆代表大會全體代表，余主席並演講，題為「論兵民合一」。

中午十二時在裝甲兵俱樂部舉行留日華僑青年回國觀光團餐會，黃天爵、李樸生約。

上午十二時陽明山莊國父紀念週，未參加。

十時對日和約小組。

＊討論結果：

一、引渡：無條約，引渡不可能。

二、傳喚：送達傳票後有兩個月期間，如傳喚不到，是否即依法用公示送達，屆時再研究。

三、先由檢察總署向司法行政部報告本案處理經過，轉送監察院，免負拖延責任，然後再考慮傳喚辦法。

編譯館送贈外蒙古及本館概況，中小學教科書編審問題的商討各一冊。

總裁批示

3月1日：民社黨對簽訂和約意見，「抄知陳誠、黃少谷同志參考」。社會調查：（一）對管制糧食抑平糧價之意見，交省政府吳國楨同志研究；（二）請推行公教人員醫藥保險制度，交行政院陳辭修同志研究。

3月5日：總動員會報分組名單，「可」。

政治組：袁守謙　張厲生　吳國楨

經濟組：連震東　嚴家淦　蔣夢麟

社會組：谷正綱　蔣經國　唐　縱

文化組：蕭自誠　程天放　陳雪屏

3月8日：張明同志回總政治部工作，遺缺另薦羅才榮接充，「閱，可」。金大使送呈李忠武公全書，復謝並准代題「精忠衛國」四字。

3月20日

中國廣播公司四平會董監事，「最後由中央黨部資深而有成績之秘書、總幹事與幹事中提升幾人為要，希照此意重擬呈核」。

3月21日：中央日報社董監事人選，「以後黨營事業，

無論董監事或實職，皆應以不兼兩職為要」。

3 月 22 日：港澳知識分子，「交張秘書長、唐主任核議具報」。

4月1日　星期二

上午十一時總統府一般會談。

下午三時工作會議。

葉實之報告：「關于鈞座簽復李義成涉匪案之簽呈，頃奉總裁批示：『曾溪水、沈奠國二人均交治安機關查究，餘閱。』因本案係聯絡參謀室所主辦，故鈞座原簽呈已移送聯絡室辦理。」

李熙謀自東京寄來襯衫四件，付出關稅 149 元。

萬耀煌函：關於本院各期結業研究員研究實踐之輔導辦法，頃奉總裁寅有台黨機秘代電指示，已移由中央改造委員會研討決定。茲將本院此次研討會前後四期對本問題所討論之結論隨函檢奉五份，敬請察閱，於開會時提出參考為禱。

4月2日　星期三

提要

陳尚文

下午三時第 321 次會議。

十二時在狀元樓宴請章任堪、王信忠。章君贈我新日本（英文本，大阪每日新聞社）及華盛頓秘記二書。

下午六時餐敍，為裕台公司印刷設備事，余與蕭、郭二主任主持。

陳尚文來訪，請改期調訓。

4月3日　星期四

上午十時總動員會報第二次會報。

下午七時假信義路三段中國地政研究所，舉行浙江反共救鄉後援會幹事會議。

下午四時座談會，談立法院委員增加待遇事。

總裁批示：「蔣君章一切職務著即免除，不得參加各種工作。」

4月4日　星期五

中午約請六、七組同志餐敘。六組秘書金遠詢，專委焦金堂，總幹事李慎之、裘孔淵、吳利君、熊文銘、編審石敬德、周覺生，七組秘書續琅，專委毛松年。

下午三時假台灣省臨時省議會大禮堂，舉行中國大陸災胞救濟總會四十一年度年會。

上午九時半中山堂舉行兒童節暨慈幼大會。

姚夢谷畫展，四月至六月，中山堂樓下集會堂。

大陸地區工作指導委員會第二十六次會議。

下午七時半本會檢討會。

4月5日　星期六

下午三時原春輝與柳煥如在台北地方法院舉行公證結婚典禮，下午六時在中正東路新生社康樂廳宴客。

正午十二時第一區黨部直屬第二小組第二十一次會議，谷正綱主席，郭澄專題報告，李文範社調報告。

下午四時半第三十九次院務會議。研討第十七期教育計劃與結業研究員通訊研究辦法及其他有關問題，由

院長親臨主持。

4月6日　星期日
【無記載】

4月7日　星期一
提要

台鹽

下午六時半文化會報第三次會議。

下午三時第 322 次會議。

俞飛鵬函：「黨營台鹽四萬噸運銷南韓，已由招商局施總經理緯明洽定優惠辦法。」施復昌函：在運費總額中提出百分之五，充貫會基金。

極東海事株式會社取締役社長香田五郎託島田英二贈人參，為陳良打撈台灣近海打撈沉船事。

4月8日　星期二
六時約請與中國一周有關者便餐。時總經理壽彭（竹蓀）、中央印鑄廠楊廠長暉（東白）、鮑處長亦榮（仁之，任顯羣之右手）、劉副處長鳳文（財政部）、劉委員支藩（厚盦）、龔弘（美國反共出版公司遠東經理，專營反共連環畫）。

姚迺崑辭行。駐菲總支部常務委員，馬尼剌中華商會副理事長，福建晉江。

上午十時總統府會談。

上午十時第廿二次講座會議。

下午三時第七〇次工作會報。

4月9日　星期三

提要

鄧家彥

理論

下午七時至十時中央大學校友會籌備會第三次循環聯誼茶會，法學院校友作東（台灣省社會服務處禮堂）。

鄧家彥致王雪艇函：「所求于總統者三事：（一）賜給川資（由黨部籌給美金五百元）；（二）入境證；（三）畀以相當職務。」

下午三時第 323 次會議。

讀「反共抗俄的中心思想初稿」。

4月10日　星期四

提要

影展

陸軍參謀學校

文藝獎金

自由中國影展在光復廳舉行，至十六日止。內容分軍事、政治、文教、社會、生產建設、風景古蹟、風俗民情、大陸風光、自由作品等九組，共一千五百餘幅。

陸軍指揮參謀學校校長黃占魁函請演講革命哲學研究，二次，四小時。第一期教育于五月初開始。

張道藩函：中華文藝獎金委員會本年度經費核定為二十一萬八千元。本年五四文藝節舉行之詩歌、小說等七項文藝作品獎金（共需伍萬三千餘元）。

上午十時第 324 次會議。

建設廳長陳尚文寄來「興建中部橫斷公路之芻議」一書。

下午三時監察院黨員大會。

下午八時舉行談話會。

4月11日　星期五

中午約請本會同志餐敘。七組總幹事李東庵、王錫欽、于瑩澂、孫丙炎，幹訓會秘書高維翰，總幹事常德普，紀委會秘書祝毓，專委胡光炳，總幹事林鼎銘、馮葆民。

中午十二時台北賓館，香港時報管理委員會，第十次。

下午三時專案討論匪情研究。

雪屏函：頃聆悉決議文甚妥，惟弟之簽呈謂准免去第一組主任為另一問題，仍乞關愛，督其苦衷，惠予呈遞為感。

4 月 12 日　星期六
提要

監察院同意考試院長

下午三時理論研究委員會第七次會議。

下午三時監察院院會，本黨部各同志遵照中央決策，對總統提請監察院同意提名考試院院長、副院長之咨文，行使同意權。

4 月 13 日　星期日
【無記載】

4 月 14 日　星期一
下午六時半舉行文化會報第三次會議。

上午十時在陽明山大禮堂舉行第十七期研究員開學典禮。

下午三時第 326 次會議，擬具解決港澳難胞嚴重問題之處理意見。

4 月 15 日　星期二
上午九時講本黨改造，研究院第十七期。

上午十一時宣傳會談。

4 月 16 日　星期三
上午十時本黨黨務員工保險管理委員會第二次委員會議。

　　下午七時半專案討論政治作戰計劃草案。南方執行部主任陳大慶同志呈請辭職，由歐陽駒同志接充。

　　下午六時在台北賓館餐敘，歡迎鄭彥棻視察東南亞黨務回國。

　　李文範先生患胃腸感冒，晚八時入中心診所療治。

　　賓四在淡水英專演講，頂坍被壓，現在中心診所。立委柴春霖已被壓身亡。

4月17日　星期四

提要

沈宗瀚

凌鴻勛

立法委員任期

黃、張二部長

　　下午五時半農復會茶會，德惠街九號之二。

　　上午十時第 328 次會議。

　　沈宗瀚函：承囑草擬本黨在農村實施民生主義之辦法，茲以遵囑草就，附「對於本黨在農林實施民生主義之管見」。

　　下午五時全國總工會李廷鎮、鄧望溪（湘鄉）、陳九九（鄂）、路國華（國大）、田亞丹（立委）來訪。另一派張世良（瀋陽）、鄒希榮（壽縣）、周學湘（上海）、俞美四（諸暨）來訪。

　　立法委員任期延長一年，業已屆滿，鑒於立法權之行使不容中斷，事實上又不能舉行選舉，應繼續延長

一年。黃季陸繼任內政部長，余井塘專任政務委員，鄭
道儒辭職，張茲闓繼任。

4月18日　星期五
提要

港幣

評議委員

　　中午約請本會同志餐敘。財委會祕書虞克裕、專委
汪天行、夏敷章、總幹事胡希汾、王維德、設計會祕
書唐振楚、專委曾繁康、葉雲峯、蔣廉儒、張成達。
未舉行。

　　上午十時圓山演講，至十二時五十分。

　　十二時總裁在台北賓館約請中央評議委員會談，由
葉部長報告對日和約。

　　下午八時半在袁企止寓商談青年黨有關問題。

　　下午三時專案討論匪情研究，第 329 次會議，匪區
災情之分析研究。

　　下午六時中國新聞出版公司第 34 次董監常會。

　　下午二時王冠吾、金維繫、馬慶瑞、張一中來訪。
T 6775。

　　匯港幣五千元交香港時報社，其中三千元作中華文
化事業出版委員會丁驌先生（前中央大學教授）之稿費
（中國地形一書，稿已交來），又二千元係繆君購書
款，託丁驌先生代為收轉。166，合新台幣 4,980 元，
手續費 24.9 元，郵費 15 元，合計 5,019.9 元。

曹文彥君寄來美國最新交通輿地圖（*State Farm Road Atlas*）一冊，三月廿六日寄。

張鐵君贈我「國父遺教研究之鑰」一冊（帕米爾書店出版）。

4月19日　星期六

正午十二時直屬第二小組會議。

下午三時理論委員會第八次會議。

蔣經國函：「近接汪公紀兄自東京來函，昨與日本國民協同黨負責人晤談，相約交換書刊。該黨宗旨與本黨大致相同，囑將先生近著可作國際宣傳者，各寄數套，以資運用，特請惠賜檢贈，以便轉寄。」

4月20日　星期日

國民大會黨團幹事會第四次全體幹事會議，上午九時在本會舉行。

4月21日　星期一

下午六時半周鴻經等四人在正中書局宴請。

下午三時第 330 次會議。

上午十時圓山紀念周。

施幹克說：公教人員待遇問題如不能解決，一切都談不到。目前美國機構待遇，動輒二、三百美金。

4 月 22 日　星期二
提要

李玉成

　　下午四時西寧北路鐵路招待所，舉行憲法問題小組第四次會議。

　　監察院委員丁淑蓉、郭學禮（綏遠薩縣）、唐玉書（字仲麟）來訪，為促成李玉成出國事。

　　鄒海濱先生介紹侯慕彝（47，廣東梅縣，住中山北路華陰街三號）任專門委員等職，與彥棻兄洽談。

　　下午八時第 331 次會議。

　　狄君武函。

4 月 23 日　星期三
　　下午六時半沈昌煥宴請。

　　上午九時舉行座談，會商討論建立動員月會，簽訂反共抗俄救國公約，及推行改善環境運動等事宜（邀請言論機關及其他有關團體機關）。

　　中午十二時半王世杰、陳誠在陳公館宴胡世澤先生。

4 月 24 日　星期四
　　上午八時半立法委員黨部常務委員江一平、李曜林、石九齡來訪。

　　上午十時第 332 次會議。

4月25日　星期五

中午約請本會同志餐敘。設計會總幹事原春輝，劉瓊，編審史秉麟、金劍琴。

下午三時第 333 次會議，專案討論社會調查。

4月26日　星期六

下午三時假紹興南街台灣大學法學院禮堂，舉行第三次黨員大會。

4月27日　星期日

【無記載】

4月28日　星期一

下午三時第 334 次會議。

下午三時中日和平條約簽字典禮在台北賓館舉行。

4月29日至30日　星期二至三

【無記載】

總裁批示

4月19日：轉呈沈宗瀚所擬對于本黨在農村實施民生主義之管見，「抄交研究院討論，並摘要呈閱」。

5月1日　星期四
【無記載】

5月2日　星期五
希聖函：「弟于今日經 X 光檢查，右腿骨折斷處前此未能接好，結合甚慢，須再施手術，因再度入中心診所。謹此上達，並乞勿宣，以免同仁蒞臨之勞，弟亦可免應付之苦也。預料下星期一開刀，下星期末或再下星期可出院。」

5月3日　星期六
上午十時國防計劃。

上午十二時直屬第二小組第 23 次會議，主席羅家倫，專題報告袁守謙，社會調查報告崔書琴。

5月4日　星期日
【無記載】

5月5日　星期一
下午三時第 336 次會議。

上午十一時圓山國父紀念週。

5月6日至12日　星期二至一
【無記載】

5月13日　星期二
提要

桂中樞

中央日報

　　桂中樞來訪，渠對排字、打字、電報、讀音及索引均有新發明。

　　據中央日報董事會秘書告我，中央日報去年辦航空版，虧損美金一萬五千元、港幣八萬元。

5月14日　星期三
　　下午三時第三四一次改造會議。

5月15日　星期四
　　上午十時第三四二次改造會議。

　　下午四時憲法小組與國民大會召開臨時會技術問題研究小組聯席談話會，在台北賓館舉行。

5月16日　星期五
　　王省吾函：「本院圖書資料室經二年來補充整理，已略具規模。現美國、日本方面新出書刊已源源而來，從香港轉購之匪情資料已至千種左右，『人民』、『解放』、『長江』、『進步』、『南方』、『大公』、『文匯』等七種匪報，亦經常收到。匪情資料目錄正著手編印中。」

　　下午七時半談話會。

5 月 17 日　星期六

十二時中央評議委員會談，在台北賓館舉行。

張厲生函：「集會商討中日合作問題」。

5 月 18 日　星期日

【無記載】

5 月 19 日　星期一

十時圓山紀念周。

十一時半院務委員會第四十次會議。

中午十二時半假鐵路飯店宴請時代公論社舊人楊公達、阮毅成、薩孟武、雷震、田炯聲、樓桐蓀、柳克述、史尚寬、林桂圃等。

下午三時第三四三次會議。

5 月 20 日　星期二

上午八時抵高雄，宿港務局招待所。十時覲見總裁，談本黨代表大會及國民大會時。

上午、晚間均與總裁共餐，下午遊左營、岡山、鳳山、屏東四處。

5 月 21 日　星期三

上午九時海軍指揮參謀學校第一期學員舉行畢業典禮，在左營官校中正堂舉行，余陪總裁前往參加。

上午、晚間均陪總裁共餐，晚間陳述關於軍區之意見。

晚十時半乘車返台北。

5 月 22 日　星期四

下午四時人事審核委員會第十次會議，谷鳳翔代余主席。

上午十時第三四四次會議，余報告在高雄與總裁談話經過。

訪王雲五，謝其贈閱「四部要籍序跋大全」。

5 月 23 日　星期五

提要

趙友培

下午四時財務委員會第十二次會議。

下午三時第四十次院務會議（貴陽街）。

下午六時半歡迎鄭彥棻自菲律賓視察黨務歸來。

趙友培報告創辦小說研究組，考選學員三十人，研究六個月，前已結業，計創作小說一百五十萬字以上。

下午七時半政大二十五週年紀念（中山堂大禮堂）。

5 月 24 日　星期六

下午五時研討文藝政策座談會，後有晚餐。

下午四時理論委員會第十二次會議，討論第十七期研究員對「反共抗俄的中心思想」研究結論。

十二時直屬第二小組第廿四次會議，蕭自誠主席，羅家倫專題報告，崔書琴社會調查報告。

下午八時總裁約宴。

5 月 25 日　星期日

葉部長於本年五月廿二日上午十一時召美國代辦鐘
華德（Howard P. Jones）至外交部會談，以下為當時談
話之簡約紀錄。

鐘：本人了解在藍欽公使離台前，彼曾向閣下詢及國民
　　黨經費是否由政府負擔一節，閣下曾允予調查，施
　　幹克對此事亦頗感興趣，諒閣下亦知悉。吾人欲明
　　瞭此點，完全出諸善意，吾人對貴國任何政治上之
　　措施無反對之權利。華府方面意欲明瞭貴國政府
　　之支出，是否僅限於已有預算及經業臨時核准之
　　項目。

葉：然。藍欽及施幹克均曾提到此項問題，但本人尚未
　　有時間從事於此事之調查，殊感歉仄。本人建議貴
　　代辦與財政部嚴部長接洽，本人深信嚴部長必能供
　　給貴代辦以消息。

5 月 26 日　星期一

六時半文化會報第六次會議，備有晚餐。

5 月 27 日　星期二

上午八時金門區巡迴訓練工作人員講習會，在第三
會議室舉行。下午六時十分舉行全體會餐。

5月28日　星期三

今日為農曆端陽，上午十時起，假中山堂慶祝詩人節，並舉行全國詩人大會。名譽主任委員于右任、主任委員賈景德、副主任委員陳逢源、林熊祥。

下午三時第三四六次改造會議。

5月29日　星期四

上午十時第三四七次改造會議。

5月30日至31日　星期五至六

【無記載】

6月1日　星期日
【無記載】

6月2日　星期一
下午三時第三四八次改造委員會。

6月3日　星期二
下午三時十分至五時，「我們為什麼需要黨」，國防部三民主義講習班，中山堂。

上午十一時總統府一般問題會談。

6月4日　星期三
下午三時第三四九次改造會議。

6月5日　星期四
上午十時總動員會報第四次會報。

下午六時半舉行文化組第七次會報。

6月6日　星期五
下午三時第三五〇次改造會議。

羅香林六月三日函稱：「『國父學說與歐美思想之關係』一書，刻已積極蒐集資料。」

6月7日　星期六
十二時本會直屬第二小組第二十五次會議，並備便餐。

6月8日　星期日

【無記載】

6月9日　星期一

下午三時第三五一次改造會議。

6月10日　星期二

上午十時總統府宣傳會談。

下午三時第七十六次工作會議。

6月11日　星期三

十二時中央評議委員會談，在台北賓館舉行。

下午三時第三五二次改造會議。

下午七時半第七次全國代表大會籌備委員會第一次會議。

鐵城先生來函：「因所患風溼關節炎在此久醫不愈，香港有此症專門醫生，擬往就診。經於上月陳准總裁，旋以此間注射未竣，稽延行期，茲定於本月中旬啟程。」

6月12日　星期四

上午十時第三五三次改造會議。

6月13日　星期五

下午三時第三五四次改造會議。

6 月 14 日　星期六

【無記載】

6 月 15 日　星期日

下午十時卅分快車赴台南，參加中央軍官學校校慶。

馬積祚函：「茲煩鄙友何墨林君返台之便，帶上孫總理墨壹軸。」

6 月 16 日至 17 日　星期一至二

【無記載】

6 月 18 日　星期三

下午三時舉行中央政治作戰會報第一次會報。

下午八時七全代表大會籌備委員會第二次會議。

6 月 19 日　星期四

上午十時第三五五次改造會議。

6 月 20 日　星期五

上午十時舉行政綱政策小組分組聯席會議，決議如左：

一、政綱政策之研擬，應注意下列各點：

（一）須依據三民主義的基本原則。

（二）須顧及國家與人民的需要。

（三）須顧及時代與環境的需要。

（四）須兼具號召性與實踐性，不宜偏重遠景的
　　　描寫。

（五）應採重點主義，列舉犖犖大端，不宜涉於
　　　繁瑣。

（六）應著重於當前亟待解決的問題，尤以注意
　　　解除人民的痛苦與滿足人民的要求。

二、各組召集人推定如次：

政　治　組：張　羣

經　濟　組：嚴家淦

社　會　組：谷正綱

文　教　組：程天放

外交僑務組：胡健中

軍　事　組：袁守謙

　　　下午八時第三五六次改造會議，專案討論有關糧價
問題。

6月21日　星期六

　　　十二時直屬第二小組第廿六次會議，主席陳雪屏，
專案報告谷正綱，社會調查鄭彥棻。

6月22日　星期日

　　　下午五時總裁及夫人在陽明山管理局大禮堂茶會歡
迎海外華僑，晚八時復在草山官邸宴客。

　　　浙大的傳統精神有二：（1）科學精神；（2）地方
精神。當浙大成立之初，創設文理學院，而不設中文
系，其主旨就是先要提倡科學，待科學發達之後，再辦

中國文學系，方不至食古不化，違背科學精神。浙大偏處東南，學生多為吳越子弟，故浙大學風與浙江的地方性不無關係，其優點為克苦耐勞，實踐力行，富有埋頭苦幹精神。本人（蔣夢麟）先後出長北大、浙大、西南聯大，三校之特性各有不同，北大為全國性之大學，其特質為發展個性，聯大與浙大有相似之處，實事求是，樸實克苦，其不相同者為浙大尚參有其地方精神之優點耳。

一、許多校友在農業、工業、軍事各方面，有各項不同的發明，對建設新台灣有實際的裨助。

二、許多校友在軍事上創造不朽的偉業，被譽為克難英雄，受到各方面的崇敬。

三、許多校友們在歷次品學考試中大顯身手，名列前茅，使學術界震驚浙大校友的學力。

為著學術界與企業的聯繫，為了建設新台灣的需要，浙大校友，現在正是貢獻真理的時候了，沉靜而少活動的校友會，應無時無刻為發揚永無止境的求是精神而努力！

6月23日　星期一

上午十時革命實踐研究院軍官訓練團高級班第三期舉行結業典禮。

上午八時全省工作研究會舉行開幕式。

下午三時第三五七次改造會議，六時半文化組第八次會報。

下午八時沈昌煥為歡迎紐約時報發行人塞資柏格先

生抵台訪問餐敘。

6月24日　星期二

下午三時第七十七次工作會議。

6月25日　星期三

下午三時第三七八【三五八】次改造會議，八時七全代表大會籌備委員會第三次會議。

沈昌煥函：「美國耶魯大學歷史系教授 Dr. Richard L. Walker 為遠東問題專家，年來在美權威刊物撰著專論抨擊中共措施，頗受各方重視。近乘暑假之便，特來遠東各地觀光，已于本月廿二日抵台，擬對中共匪幫奪取政權策略，搜集資料，以備撰著專論。」

6月26日　星期四

上午十時第三五九次改造會議。

下午三時半在台北賓館舉行政綱政策小組各分組聯席會議。

張壽賢同志此次赴越視導黨務，歷經西貢、河內、海防、南定、川壙、龍坡邦、永珍、素旺、他曲、百細等地，集得有關越南書刊照片至為豐富，堪資參考。經由本會圖書館分別整理，並訂於本月廿六日起至七月二日止，在圖書館展覽一週。越南書刊文物展覽目錄：

甲、圖片部份（計一三九幅）：一、越南風土照片六十一張；二、越南黨務僑務照片四十張；三、越南剿共戰事照片卅八張。

乙、書刊部份（計七十六冊，另地圖三幅）：一、語文藝術者三十二冊；二、財政經濟者十七冊；三、僑文教育者八冊；四、史地記載者十五冊；五、社會技術者二冊。

丙、文物部份（計七件）：一、越南國旗一面；二、寮國國旗一面；三、明信片三冊；四、寮越通行證一紙；五、寮人所用馬鞭一條。

6 月 27 日至 28 日　星期五至六

【無記載】

6 月 29 日　星期日

上午八時全省黨務工作研究會議舉行閉幕式。

6 月 30 日　星期一

提要

宣傳會議開幕

十八期研究員結業

上午十時革命實踐研究院第十八期研究員結業典禮。

上午八時卅分宣傳會議開幕式。

下午三時第三六〇次改造會議。

7月1日　星期二
上午十時半總統府一般問題會談。

7月2日　星期三
提要

宣傳會議閉幕

下午三時改造會第三六一次會議。

下午六時本黨宣傳會議舉行閉幕典禮。

下午八時第七次全國代表大會籌備委員會第四次
會議。

7月3日　星期四
上午十時改造會第三六二次會議。

下午四時人事審核委員會第十一次會議。

7月4日　星期五
下午三時改造會第三六三次會議。

7月5日至6日　星期六至日
【無記載】

7月7日　星期一
下午三時改造會第三六四次會議。

7 月 8 日　星期二

上午九時政黨政治研究委員會第一次委員會議。

上午十時半總統府宣傳會談。

下午三時本會第七十八次工作會議。

7 月 9 日　星期三

提要

總裁諭請中央評議委員會談

上午十時改造委員會談話會，報告第七次全國代表
大會有關事宜（台北賓館舉行）。

正午十二時中央評議委員會談，在台北賓館舉行。

下午八時第七次全國代表大會籌備委員會議第五次
會議。

何敬之來函：「吾黨陳布雷先生所編國民革命軍戰
史初稿，曩付剞劂，乃以國內情勢關係，迄未流傳，政
府來台以後，是書之存者僅獲見一部。因感孤本保存之
不易，前經面陳總統，奉諭再版，刊行若干部，近始完
成，茲特檢奉一部，藉供參閱。」

7 月 10 日　星期四

上午十時改造會第三六六次會議。

下午四時革命實踐研究院第廿四次講座會議。

下午七時在中山南路十三號袁寓為青年黨問題談
話，到會者王雲五、莫德惠、蔣勻田、袁守謙等。

7月11日　星期五

上午八時在各職業黨部巡迴訓練工作同志講習會，主講主義、黨史、總動員運動。

下午三時改造會第三六七次會議，專案討論匪情研究。

7月12日　星期六

錫福來函：「邵先生轉下吾師賜借編輯費壹千元正，謹收領。生正值病中，獲款醫治，感德殊深。」

7月13日　星期日

【無記載】

7月14日　星期一

下午三時改造會第三六七次會議。

7月15日　星期二

下午三時第七十九次工作會議。

上午十時半總統府一般問題會議。

下午六時為中國一周董事會宴請。

7月16日　星期三

下午八時第七次全國代表大會籌備委員會第六次會議。

下午三時第三六八次會議。

張羣來函，略謂：昨談拙作中日關係與美國一文，

業已脫稿。

7 月 17 日　星期四
上午十時反共抗俄總動員運動員會報第五次會報。
下午四時教育部大學用書編審委員會第一次會議。

7 月 18 日　星期五
上午八時出席綜合視導人員座談會，講「推行總動員運動之意義與方法」。

7 月 19 日　星期六
下午三時在台北賓館舉行第四次分組聯席會議，討論外交、僑務及軍事部份草案。
正午十二時直屬第二小組第廿八次會議。
下午四時在台大法學院舉行本會第一次集體動員月會。

7 月 20 日　星期日
【無記載】

7 月 21 日　星期一
下午三時改造會第三六九次會議。

7 月 22 日　星期二
上午十時半總統府一般問題會談。
下午八時第七次全國代表大會籌備委員會第七次

會議。

7月23日　星期三

上午十時舉行小組會議，檢討第四組、幹部訓練委員會、黨史史料編纂委員會四十一年度上半年工作，同時並出席總裁指示應於美洲創辦英文報以利國策宣傳一案小組會議。

下午三時改造會第三七〇次會議。

7月24日　星期四

上午十時改造會第三七一次會議。

下午八時改委會第三七二次會議，討論有關黨員整肅案問題。

7月25日　星期五

在台大參加大學用書編審委員會常務委員第一次會議。

下午三時改造會第三七三次會議。

曹士澂函：「敝團外籍教官夏保國，尚有左列問題數則，亟擬面呈明教。」

7月26日　星期六

上午十時舉行第二次小組會議，檢討第四組四十一年度上半年工作。

撰寫七全大會黨務工作報告名單：楊定襄（前組織部）、屠義方（前宣傳部）、李菊林（前海外部）、張

銘傳（前青年部）、熊叔衡（前婦運會）、祝毓（前監委會）、胡希汾（前財委會）、陳以令（前中秘處）。並擬訂下星期二下午六時餐敘。

7 月 27 日　星期日

丁驌函：「囑撰書事，驌擬試為中國西北一書寫成一地方誌性質之書籍，供一般人士之用，插圖方面多注意收集，務求豐富。不知先生以為如何，懇祈指示，俾得於執筆之前有所決定也。囑入台工作，厚愛甚感，驌意請緩圖之，因此間參考書籍甚多，俟寫作完成之後，再酌情進行。驌在此間工作既無興趣，知音又少，徒以家屬困在大陸，不時由驌接濟，如赴台大，勢非驌及內子均有工作，有供給之住居，甚或若干旅費之補助，不然安土重遷，經濟情況異常困難也。內子鮑菘習醫多年，前在中央大學任小兒科主任醫師及醫學院講師，以從未出國，亟思赴美深造。驌自歐返國，亦未涉足新大陸，亦常思東渡遊歷，無奈十數年，毫無機會，國家多故，亦從未能安居樂業，此驌所以亟欲赴國外之原意也。阿根廷事自本已經阿國政府批准，惜格於我國外交當局，未能發出，既尚在交涉之中，他日或可成為事實。」

7 月 28 日　星期一

下午三時改造會第三七四次會議。

7月29日　星期二

上午九時政黨政治研究委員會第二次會議。

下午三時第八○次工作會議。

下午八時第三七五次改造會議，專案討論幹部政策之檢討。

7月30日　星期三

下午三時第三七六次改造會議。

7月31日　星期四

十二時總裁約請評議委員在台北賓館會談。

上午十時第三七七次改造會議。

8月1日　星期五

上午十時總統府國父紀念月會。

下午四時行政院會商有關留學政策問題。

林伏濤來函：「拜讀大作林主席的風範一文，不勝欽佩之忱，惟其中數點似尚有可商榷之處。伏濤為主席鄉人，且家伯叔曾任國府參軍職，追隨主席十餘年，在渝時伏濤亦曾隨家伯晉謁主席及拜年等五、六次。茲以八月一日為主席逝世九週年紀念日，念主席一生貢獻，功在黨國，特貢所知，奉呈關於林主席的風範一文。」

8月2日　星期六

李辰冬來信：近讀錢賓四先生「文化學大義」一書，感其思想荒謬，立論錯誤，故草「與錢穆先生談文化問題」一文，以糾正之。

正午十二時本會直屬第二小組第二十九次會議。

下午四時本會第四次黨員大會。

8月3日　星期日

【無記載】

8月4日　星期一

下午三時改造會第三七九次會議。

8月5日　星期二

【無記載】

8月6日　星期三

下午三時第三八〇會議。

8月7日　星期四

上午十時第三八一次會議。

8月8日　星期五

下午三時第三八二次會議。

中午十二時在後草山陳寓（辭修）餐敘，就高中畢業生獲得國外大學四年全部獎學金留學考試，以後應否繼續舉行問題，交換意見。

8月9日　星期六

特種黨務工作視導座談會。

下午四時在中山南路十三號茶敘，到會者為蔣勻田、王雲五、莫德惠、袁守謙諸人。

8月10日　星期日

【無記載】

8月11日　星期一

下午三時第三八三次會議。

下午七時在中山南路十三號袁寓餐敘。

8月12日　星期二

上午十時卅分出席總統府宣傳會談。

下午三時第八十一次工作會議。

下午八時第七次全國代表大會籌備委員會第九次會議。

8 月 13 日　星期三

下午三時改造會第三八四次會議。

李士英來函：「士英離新聞界工作三年，荒疏過久，對於夜生活及文字工作已不習慣，且自顧才力薄弱，而黨報言論關係重大，以陶希聖先生之學識經驗與社會關係，尚不能盡如人意，更覺難以為繼。與其將來焦頭爛額，貽誤黨國，不如早作曲突徙薪之計，以全公私，用特懇請先生繫鈴解鈴，轉請總裁收回成命，另派賢能。」

8 月 14 日至 15 日　星期四至五

【無記載】

8 月 16 日　星期六

政黨政治研究委員會第三次會議，討論「如何樹立政黨政治之規模，並加強本黨對民意機關之聯繫與運用」問題。

正午十二時第三十次小組會議。

8 月 17 日　星期日

【無記載】

8月18日　星期一
下午三時改造會第三八六次會議。

8月19日　星期二
提要
總裁宴請大學教授

上午十時半總統府一般問題會議。
下午八時第七次全國代表大會籌備委員會第十次會議。
正午十二時半總裁假台北賓館宴請大學教授。

8月20日　星期三
提要
總裁宴請大學教授

正午十二時半總裁假台北賓館宴請大學教授。
下午三時改造會第三八七次會議。

8月21日　星期四
上午十時改造會第三八八次會議。

8月22日　星期五
鏡兒四十年除夕函：校中於廿日起放寒假二週，男於聖誕節前後曾赴波士頓住三日（住於吳士選公子處）。顧一樵、楊聯陞及王浩先生（為闞紉瓊之丈夫，

現任教哈佛）皆曾邀請便餐，裴開明先生處因倉促未及拜訪，據云前浙大數學教授熊福春先生亦在哈佛。男今年可念完 Ph. D. 課程，明年祇需考口試寫論文，故擬轉學哈佛，選習與地理有關之課程，以充實基礎。謝覺民仍在 Syracuse 念 Ph. D.，江應澄（為中大地理系畢業）曾在 Clark 念地理 M.A.，因故未能結束，乃轉哥倫比亞，現在攻讀 Ph. D.。今晨經過霧城，來校晤談，並請代向大人致意。Erwin Raisz 現在 Clark 兼授繪圖學，道及大人當年請其赴浙大任教經過。男論文初稿已草就，現擬開始攻讀法文。

8 月 23 日　　星期六

孫洪芬來函：「洪芬目前應召來京，得以暢聆雅教，傍晚並厚擾郇廚，友朋聚首，醉酒飽德，其樂亦真。別後已安返台南，堪以告慰。」

8 月 24 日　　星期日

李少陵來函：「承寄左宗棠故事新編封面題字，至為感激。豐潤挺秀，亦剛亦柔，此間友朋，無不稱頌。」

8 月 25 日　　星期一　晴　台北

下午三時改造會第三八九次會議。

8 月 26 日　　星期二　晴　台北

上午八時半本會綜合視導檢討會。

下午三時本會第八十二次工作會議。

下午四時中山南路十三號袁寓，為青年黨問題談話。

8月27日　星期三　晴　台北

上午八時赴台灣省立師範學院演講。

下午第三九〇次改造會議，因事赴草山，未及參加。

陳正祥自美國來函。

8月28日　星期四

上午八時第三九一次改造會議。

下午七時宴請總動員會報召集人。

8月29日　星期五　晴　台北

十二時半陳雪屏、沈昌煥宴請（陳在其寓所寧波西街一〇八號，沈假本會第二會議室）。

下午三時大陸地區工作指導委員會第三十一次會議。

陶希聖函：「曾虛白、羅佩秋兩兄來，囑修改『中心思想』中之一段，匆促成稿後，特送呈左右，會同兩兄改稿，飭整繕呈核為荷。弟右腿骨已生長完整，但膝脛兩圓節動轉不靈，必須學步，尚需時日耳。」

沈昌煥來函附送 *REPORT FROM FORMOSA* 書一本，已轉交唐昌晉託人摘要在新思潮發表。

8 月 30 日　星期六　晴　台北

提要

當選代表

　　上午九時中國廣播公司與政府續訂合約一案有關事項會談。

　　十二時直屬第二小組第卅一次會議，主席羅家倫，專題報告谷鳳翔，社會調查崔書琴。

　　下午三時青年黨問題談話。

　　四時本會黨員代表大會選舉七全大會代表，投票者391 人，選舉結果如次：余得票 263 票，當選代表。李煥 40 票，谷正綱 16 票，芮晉 3 票，馮葆民 3 票，其他25 票，廢票 41 票。

8 月 31 日　星期日　晴　台北

　　下午五時半總裁宴請日本議員。

9月1日　星期一　陰雨　台北
提要

記者節

上午九時圓山忠烈祠，秋季陣亡將士典禮，總統親往主祭。

上午九時九月份聯合總理紀念週（中山堂舉行）。

下午七時袁守謙宴請。

曹士澂函：「渠前次晉謁時所索其他資料，乞於殺青出版後，陸續賜擲敝處，以便轉寄東京。」

夏保國八月十九日函：「對於在一國之革命完成上，暴力、謀略、經濟壓迫等之若何脆弱，而在人類終極的生存上，立足於道義、歷史之民族精神等之若何有力。吾人處今日混亂危機之世界，實不可不加以體現，昭示世人也。保國東返後，日竭駑鈍，埋首揮毫，嗣後隨工作之進展，必有種種疑問發生，仍乞不遺在遠，俯賜指教為幸！先生任務重大，工作多忙，謹掬寸衷，遙祝健康。」此函由曹士澂譯轉。

劉光炎函：「祖恭先生精勤不懈，可為中華出版委員會慶得人。今日記者節，新生報社評乃炎作，當祈指教。」

9月2日　星期二　陰　台北
上午十時總統府九月份國父紀念月會。

下午六時半總動員運動會報文化組第十一次會報。

下午八時第七次全國代表大會籌備委員會第十一次

會議。

錢穆函：「弟臨別匆匆，不克辭行，已於廿七日下午返抵港埠。蒙委編撰國民基本智識叢書三種，於臨行前交去四書釋義及中國思想史兩種，餘一種俟校務稍暇即趕寫。惟該三書僅中國思想一種，本欲保留版權，而前寄契約，三書同列一紙。弟擬三書一併收受稿費，除前已匯港三千元（台幣）外，懇轉知經管人並照規定稿費絡續匯港，不知可蒙允准否？幸賜復示，其第二集稿及學術季刊稿，弟當隨時留心代為約洽，勿念。」

黃公偉就任本會四組總幹事職。

丁驌來函。

9月3日　星期三

上午十二時總裁宴請。

下午三時第三九三次會議。

五時日大阪經濟訪問團團長杉道助宴請。

謝佐禹八月廿八日函：久未函候，想為國宣勞，必極忙碌。弟以此間事無法脫身，有負雅意，時覺不安。此間僑務局勢之扭轉，反共力量之增強，全靠現任中華總會理事長及亞弄公會主席章勳義先生一人之力，即自由報之能辦成，亦以章君之力為多。章君忠貞愛國，出錢出力，至可敬佩，弟之不忍離此，亦多因章君之關係。今聞僑委會最近派出指導印尼僑務者竟無章君之名，此誠不知是何用意，弟認為僑委會此舉極不公平，如非受矇蔽，即屬不明僑情。蓋今日真正領導印尼華僑反共者實為章君，印尼僑胞莫不知之，何中央至今尚不

明此耶。甚盼先生即將此意轉達僑委會，對此舉加以糾正為感。

李士英函：為中央日報制度及總主筆隸屬負責問題有所商詢。

9月4日　星期四　晴　台北

上午十時第三九四次會議。

下午六時半本會談話會，在福州街 15 號電力公司勵進社舉行，並備便餐。

張疆亭、周冶平、馮保民、王維德、鍾正居、古煥謨、龔履端等呈送視導報告一份。

9月5日　星期五

奉總裁電召赴台中。

9月6日至8日　星期六至一

【無記載】

9月9日　星期二

總裁手令

今後黨的組織與工作的精神：

一、各組處會間有關業務之工作，必須聯繫互助，養成自動的分工合作共同一致之精神（不推諉、不包辦、不延誤）。

二、黨的任何組織必須以建立戰鬥體制，提高戰鬥性，加強工作功效，並須注意民主精神，以上督下，以

上監下之負責盡職精神。

三、各單位每一工作，必須有時間（時間性）、有步驟的積極行動，求真、求實、求速。

四、實踐行政三聯制，特別重視設計與考核工作。

五、人事考銓、幹部提拔，必須嚴格認真。

六、工作與經費的考核及紀律的執行，必須徹底負責，任勞任怨。

七、各級主管領導方法，必須養成分層負責與自動實踐的精神，特別提倡共同學習與研究風氣。

八、防奸保密精神，與自清自反工作，必須特別提高警覺性。

九、設計工作對大陸共匪黨政軍經社會文化之措施，及其制度等各項問題之研究，應列為第一重要工作，並須決定其對策。

十、重定調查與研究工作的課目與方法。

十一、重申黨員基本義務與工作之實踐。

十二、自縣以下各級黨部作不公開之決定

十三、代表大會對中外之號召及今後之行動，須定具體計劃與步驟，此時應預行研究，擬定草案。
又大會政治報告，請代為預備稿子。

下午五時五十分由台中返台北，八時七全大會第十二次籌備會議。

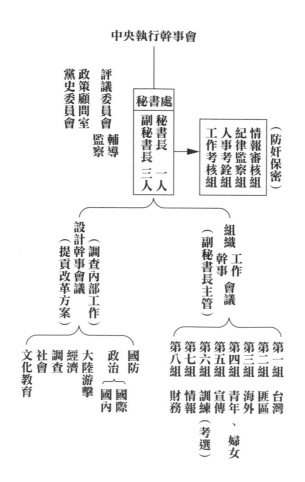

9月10日　星期三　晴

【無記載】

9月11日　星期四　晴、雨　台北

　　蔣經國九月九日函：「此次本黨中央為團結全國優秀青年，擔當反共抗俄救國建國之神聖任務，決議成立中國青年反共救國團，並責成總政治部主持其事。經國

奉命之後，雖則自覺才力棉薄，時以力不勝任為慮，惟念國事多艱，挽救有責，及為服從黨的決定，貫澈黨的決策，毅然接受此項使命，並積極策劃進行。茲特遵照總裁諭示，敬聘先生為本團團務指導委員，並預計於本月底召開成立會，暨賡續舉行第一次會議，一面向各委員報告籌備經過情形，一面研討未來工作計劃，務請屆時撥冗出席指導，相信在先生匡助之下，必可使此一艱鉅工作獲得極順利之展開也。」

下午三時第三九七次改造會議。

9 月 12 日　星期五　晴　台北

下午三時第三九九次會議，專案討論匪情研究報告。

下午五時中日文化經濟協會常務理事會第三次會議。

夏敷章九月一日函：「當今之時，人物林立，不識者固勿論，試就所識者而觀，惟獨鈞長量德寬宏，宅心仁厚，好學不倦，秉資粹白，沉浸內聖外王之道者既深，闡揚總理總裁之教者且大。肫肫其仁，淵淵其淵，誠能軼步於尋墜緒之董劉，醇乎其為古名賢之風焉，生平此之所我服念惟鈞長一人而已。」

9 月 13 日　星期六

致鄭彥棻函：「謝幼偉（佐禹）先生為吾黨思想界的鬥士，於中西哲理研究甚精，著述宏富。共匪渡江時，盡棄其藏書而離杭州浙大，足以見其忠貞不移之志。近年在印尼創辦自由報，致力海外宣傳，著有成績，總裁知其為人，屢屢提及。此次舉行僑務會議，是

否請其乘此機會回國一行，俾覲見總裁，面聆指示，敬
希我兄特為注意，並祈設法助其成行，是所深望。」

正午十二時直屬第二小組第卅二次會議，主席陳雪
屏，專題報告沈昌煥，社會調查鄭彥棻。

9月14日　星期日
【無記載】

9月15日　星期一
上午十時革命實踐研究院國父紀念週。

下午三時本會第四〇〇次會議。

上官業佑函請於明日上午八時，為七全代表大會台
灣省代表遴選會會議訓話。

陶希聖函：「敬悉總裁有十餘點指示，已經油印，
可否檢示一份，俾得研讀，敬頌賜核，是為至荷。」

9月16日　星期二
上午八時赴台灣省黨部演講。

十時半總統府會報。

下午三時八十四次工作會議。

下午八時七全大會籌備會第十三次會議。

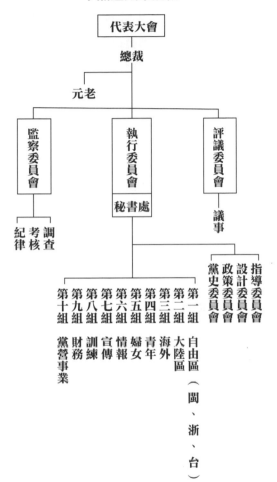

本黨組織系統表

一、黨章應注意權能劃分。
一、政綱政策以反共抗俄為中心，並注意切要而能實行者。
一、總裁執行總理職權。
一、元老由總裁聘為本黨最高顧問或指導員。
一、評議委員會，其性質類似立法院，專司議事，委員由大會選舉。
一、監察委員會，其性質類似監察院，委員由大會選舉。
一、執行委員會，其性質類似行政院，委員由總裁提名交大會通過。

9月17日　星期三

鍾健致林子勛函：「梅光迪先生遺族之卅五、六兩年度年卹金，曾發交浙江轉發有案，卅七、八年度年卹金，曾否請發，尚待人事處續查。目前行政院對於卹金及退休金之發放，限制頗嚴，請轉告曉峯先生轉達梅夫人，可檢同原卹金證書及戶口謄本向部申請續發，以便轉行政院請求。至能否邀准，尚無把握，如梅夫人現未在台（或在香港），則請准之把握更少。惟此且待呈院時視情況再行商討，如有請曉峯先生說明之必要時，再請其關照。」

下午三時第四〇一次會議。

下午七時在台北賓館宴請七全大會台灣省初選代表。

9月18日　星期四

上午十時本會第四〇二次會議。

9月19日　星期五

上午八時三十分，四十一年度金門、公路、鐵路、海員各巡迴訓練工作組總檢討會，因事未能出席，由谷鳳翔兄代理。

上午九時本處九月份動員月會。

十二時中央評議委員會談（台北賓館舉行）。

下午七時半許世英先生宴請。

9月20日　星期六

上午九時中央人事審核委員會第十三次會議，遴選

七全大會代表（台北賓館舉行）。

沈昌煥宴請楊雲竹公使。

9 月 21 日　星期日
【無記載】

9 月 22 日　星期一
上午十一時革命實踐研究院總理紀念週。

下午三時本會四○三次會議。

9 月 23 日　星期二
下午三時本會第八十四次工作會議。

下午七時嚴財長家淦宴請（宴請董顯光）。

下午八時第七次全國代表大會籌備會第十四次會議。

下午四時中日文化經濟協會舉行茶會歡送董顯光先
生，因事未參加。

下午七時韓國大使館宴請。

9 月 24 日　星期三
提要

董顯光赴日

下午三時本會四○四次會議。

下午七時卅分談話會。

9月25日　星期四

上午十時本會第四〇五次會議。

9月26日　星期五

下午三時本會第四〇七次會議。

下午七時林衡道宴請（餞送連震東出國）。

蔣經國來函，聘請余為中國青年反共救國團團務指
導委員。

9月27日　星期六

吳鐵城先生九月廿六日來函：「前為慢性關節炎赴
港就醫，曾續假一次，蒙復書下問，並轉致總裁慰問之
意，良用感荷。賤恙現漸痊可，經於本日返台，除另簽
呈總裁外，特緘銷假，敬祈鑒察為禱。」

9月28日　星期日

提要

教師節

正午十二時本會宴請台灣資深教師。

9月29日　星期一

下午三時本會第四〇八次會議，討論本黨政治綱領
草案。

下午九時本會第四〇九次會議，專案討論明年度國
家總預算案。

上午九時中國青年反共救國團指導委員會。

9月30日　星期二

上午九時中國國民黨國民大會黨團幹事會第二次全體幹事會議，在本會舉行。

下午四時半反共抗俄總動員運動會報第七次會報，總裁親臨主持。

下午八時半第四一○次改造會，專案討論本黨反共抗俄時期工作綱要草案。

中國交通建設學會贈送研究年刊一種。

10月1日　星期三

下午三時第四一一次改造會議。

下午八時半談話會，專案研討建黨的根本問題。

10月2日　星期四

上午十時四一三次改造會議。

下午三時四一四次改造會議。

下午八時改造委員會談話會，商討中央黨部建制問題。

10月3日　星期五

下午三時四一五次改造會議，專案討論本黨政治綱領草案。

10月4日　星期六

下午三時四一六次改造會議。

10月5日　星期日

行政院長陳誠九月十五日簽呈總裁辭職書：

竊職前以對日和約問題，曾引咎懇辭行政院長職務，蒙鈞座慰留，自應繼續努力，益加淬勵。惟行政院院長一席，原因鈞座一時未能物色適當人選，暫由職勉承其乏，今已一年又半，如長此以往，深恐貽誤大局。為此續懇鈞座准職辭卸行政院院長職務，速另遴員接替為禱。謹呈

總統蔣

職陳誠　呈

10 月 6 日　星期一

下午三時四一七次改造會議，討論行政院四十二年度施政計劃，暨四十二年度中央政府總預算案。

下午六時七全大會秘書處處務會報。

10 月 7 日　星期二

上午九時本會人事審核委員會。

下午三時第四一八次改造會議（陽明山舉行）。

上午十時半總統府一般問題會談。

10 月 8 日　星期三

下午三時改造會四一九次會議。

10 月 9 日　星期四

上午十時改造會四二〇次會議（改造會最後一次會議）。

上午十二時川分中央評議委員會談。

10 月 10 日　星期五

提要

七全大會　國慶日

上午八時七全大會開幕典禮。

上午十時隨總統閱兵。

10月11日　星期六
提要

七全大會

　　上午九時大會預備會議，討論大會議事規則。總裁提出陳誠、周至柔、黃季陸、吳國楨、黃朝琴、田烱錦、李永新、陳逸雲、戴媿生【戴槐生】、張子田等為大會主席團。

　　下午三時向大會作黨務報告，歷一時又四十分。

10月12日　星期日
提要

七全大會

　　上午九時大會第二次會議，主席張子田，行政院長陳誠施政報告（張厲生代表報告）。

　　下午三時大會第三次會議，主席周至柔，蔣經國特種黨部報告，上官業佑台灣省黨部報告。

10月13日　星期一
提要

七全大會

　　上午九時大會第四次會議，總裁政治報告。

　　下午三時大會第五次會議，海外黨部報告。

10 月 14 日　星期二
提要

七全大會

　　上午九時大會第六次會議，參謀總長周至柔軍事
報告。

10 月 15 日　星期三
提要

七全大會

　　上午九時大會第七次會議，陳柱華知識青年黨部報
告，施復昌職業黨部報告，敵後黨部報告（王任遠、雷
震東、張超三人分別報告）。
　　下午七時半改造委員會談話會（陽明山圖書館
舉行）。

10 月 16 日　星期四
提要

七全大會

　　上午九時大會第八次會議，討論「反共抗俄基本
論」（總裁交議），由余作詳盡之闡述，歷時達三
小時。
　　下午七時半談話會（改造會）。

10月17日　星期五
提要

七全大會

　　上午九時大會第九次會議，總裁交議中國國民黨總章修正案。

　　下午七時半談話會（改造會）。

10月18日　星期六
提要

七全大會

　　上午九時第十次會議，選舉蔣總裁為總裁，討論中國國民黨政綱草案。

　　下午三時大會第十一次會議，決議第七屆中央委員名額及選舉法三項：

（一）七屆中央委員總額定為三十二名，候補中央委員定為十六名。

（二）中央委員候選人恭請總裁提名。

（三）選舉採用記名連記法。

　　下午七時半改造會談話會。

10 月 19 日　星期日

提要

七全大會

　　上午九時大會第十二次會議。總裁提出以吳敬恆、于右任、鈕永建、丁惟汾、王寵惠、鄒魯、閻錫山、吳忠信、李煜瀛、李文範、張羣、吳鐵城、何應欽、鄧家彥、陳濟棠、朱家驊、馬超俊、張厲生、王世杰、何成濬、賈景德、時子周、章嘉、蔣宋美齡、雲竹亭、戴愧生、蔣夢麟、徐永昌、薛岳、胡宗南、黃杰、狄膺、羅奇、張默君、錢公來、鄺瑤普、桂永清、萬耀煌、堯樂博士、俞飛鵬、洪蘭友、謝冠生、葉公超、嚴家淦、田炯錦、田崑山、蕭吉珊、王宗山等四十八人為中央評議委員。

　　下午三時第十三次會議。

　　下午五時半第十四次會議，選舉中央委員卅六人，當選者為：陳誠、蔣經國、張其昀、周至柔、谷正綱、鄭彥棻、吳國楨、陳雪屏、彭孟緝、郭寄嶠、孫立人、沈昌煥、上官業佑、袁守謙、張道藩、王叔銘、俞鴻鈞、倪文亞、陶希聖、唐縱、石覺、黃季陸、黃朝琴、黃少谷、胡璉、楊爾瑛、王星舟、吳化鵬、陳逸雲（女）、張子田、蔣賜福、梅友卓。

10月20日　星期一
提要

七全大會閉幕

　　上午九時大會閉幕。

　　下午七時總裁宴請（台北中正東路警務處二樓大禮堂）。

10月21日　星期二
提要

僑務會議開幕

　　上午九時僑務會議開幕。

　　下午七時宴請全體改造委員及本會各單位主管。

10月22日　星期三

　　下午五時總裁召見。

　　下午四時結束會報，並備便餐。

10月23日　星期四
提要

一中全會開幕

　　上午十時在本會舉行七全大會一中全會，通過中央委員會組織大綱。推選陳誠、蔣經國、谷正綱、張道藩、吳國楨、黃少谷、陳雪屏、袁守謙、倪文亞、陶希

聖等十人為常務委員，並通過余為秘書長，周宏濤、谷
鳳翔為副秘書長。

10 月 24 日　星期五

上午十二時三十分中央評議委員會談。

10 月 25 日至 27 日　星期六至一

【無記載】

【原稿缺 10 月 28 日至 31 日，依張行蘭抄錄本補錄】

10 月 28 日　星期二

上午九時談話會，商談移交有關事宜。

10 月 29 日　星期三

下午八時中央人事審核委員會，賡續討論簡拔工作
同志一案。

10 月 30 日　星期四

上午十時中央委員會第一次常務會議，通過各組會
主管人選如左：

副秘書長　　郭　澄

第一組主任　唐　縱

第二組主任　鄭介民

第三組主任　鄭彥棻

第四組主任　沈昌煥

第五組主任　連震東

第六組主任　張炎元
財務委員會　俞鴻鈞
紀律委員會　李文範
設計委員會　崔書琴
黨史委員會　羅家倫

10 月 31 日　星期五

提要

總裁華誕

　　總裁六六華誕，上午八時至十二時本會各同志簽名
祝壽。

　　青年反共救國團團正式成立。

　　下午三時本會談話會。

11 月 1 日　星期六

上午十時舉行各處組會新舊任主管交接典禮。

十二時秘書處首次會報。

下午六時半談話會。

11 月 2 日至 3 日　星期日至一

【無記載】

11 月 4 日　星期二

奉總裁電召赴高雄。

11 月 5 日　星期三

美國大選完畢，艾森豪當選為大總統。

11 月 6 日　星期四

上午七時自高雄返抵台北。

上午十時第二次常務會議，通過各組會副主管人選：

第一組　郭　驥　羅榮才

第二組　鄧傳楷　葉翔之

第三組　李樸生

第四組　許聞淵　任覺五

第五組　沈祖懋　梁永章

第六組　徐晴嵐　陳建中（原一組總幹事）

設委會　李士英　馬星野

紀委會　洪蘭友　張壽賢

黨史會　狄　膺

11 月 7 日　星期五

下午三時黨政關係會議。

下午四時秘書處事務會議。

雜錄

元旦來賓

劉健羣　倪炯聲（胡佩芬）　　江一平　杜光塤

立法院

廣　祿　馬國義　傅　岩（豫秀）　王國秀　楊公達
周雍能　楊一峯　李曜林　滕昆田　何　適　楊幼炯
潘衍興　張希哲　鄒志奮　張慶楨　陸京士　王雋英
張金鑑　余　拯　湯如炎　曹　俊（為章）　鄧公言
李　荷　梁　棟　余文傑　陳蒼正　徐君佩（盧執競）
朱如松　李天民　胡　淳（人沛）　汪秀端（吳兆棠）
李雅仙（河南）　朱貫三（甘肅）　林作民
滿擊雲（重三，瀋陽）　營爾斌（陝）
鍾自岩（立院秘書）　　李永新　包德明（候補）

監察院

曹德宣（重三，瀋陽）　郭兆麟（漳州，參事）
陸錫光（甘，專委）　　王澍霖　許師慎（無錫，秘書）
楊　彰（用晦，隴西，調查專員）

考試院

盧建曾（吉忱，山東）　陳鑑波（考選部參事）
皮作瓊（凌曉舫）
吳忠信　章　嘉　黃少谷　曹聖芬　吳國楨　任顯羣
俞濟時　梅嶙高　陳　良　吳嵩慶　程天放（黃婉君）

高　信　杜殿英（再山）

馬兆奎（吉甫，河北，財部秘書）

周德偉（子若，關務署長）　　戴仲玉（僑委員會委員）

田烱錦（李祐蓀，浣芸，貴州）　宗孝忱（敬之，參議）

陳石孚　鄭克宣（空襲防護委員會秘書）

黃珍吾（憲兵司令）　陶一珊（警務處處長）

國大

張國鈞（陸澄城）　洪興蔭（含山）　宋實君（趙鼎）

黃天鵬（盧小珠，普寧，粵）

本會

谷鳳翔　張道藩　　谷正綱　　蔣經國　陶希聖　諶忠幹

瞿韶華（一組總）　梁永章　　熊叔衡　鄭彥棻（倫蘊珊）

汪仲讓　何啟昌（三組編審）　吳敬基　唐　縱　徐晴嵐

李文範　狄　膺　　虞克裕　　胡希汾　張　師（行深）

林傲秋

全國總工會常務理事

周學湘（國大）　水祥雲　安輔廷（河北，立委）

田亞丹　李廷鎮　鄧望溪（勞方顧問）

台灣

黃朝琴　蔡培火（峯山，廖溫音）　　李連春

華松年（十六期）　　李翼中　倪文亞　周世光（嫩江）

符伯良（第一組總）　周正祥（廷芳，第三組總）

林光宇（浙，視導）　薛人仰　翁　鈴　林治平
陳貞彬（質如，廣東）　　　羅時暘
楊爾瑛（中委、設計委）　　于犁伯
李白虹　葉明勳（嚴停雲）　邵德潤　林　燕
李玉階（自立晚報）　柯俊智（大中華日報，李金榮）

中大

陳慶瑜　何福元　吳俊升　劉愷鍾　羅　剛
秦大鈞（顧國華）俞俊珠　鄭子政　李鹿苹　斯頌熙
朱建民　黃宣威　吳子我

浙大

奉道堅　郭志嵩　沈宛真　程蘊良（少潛，浙）
姚懿明（宜民，皖）　　　蔣以明　李桂珍

同鄉

陳宗熙（志和，奉化）　　林　本（佘　英）　顧福漕
蔡同瑜（鳳孫）　　　　虞　舜（徐冰如）　龔聖治
梁大鵬　俞勗成　周昆田　李超英　陳建中　　朱久瑩
汪天行　趙　楷（準如，浙江，所現教授）
薛佩琦（台南北門中學校長）　　許文淵

本年度著述目錄

專書

精神教育（一月）

論文

戰時經濟體系之確立（一、六）

農業改良與糧政（一、十三）

重工業之興起（一、廿）

水利工作與交通運輸（一、廿七）

論報人四長　中央日報（二、一）

黨史講習提要（有關青年運動部分）

二次大戰中潮流的轉變（二、四）

我國外交政策的要（二、十一）

反共抗俄總動員運動　中國一周95、96期（二、十八）

論報人五德（二、二十）

回顧與前瞻　第一〇〇期

論兵民合一　第一〇二期

本會工作近況簡報（三、卅一）

開羅會議之珍貴史料（四、三）

新動力半月刊，發行人穆超，主編人王大任，

編輯楊一峯、劉聖斌、莫寒竹、趙尺子、梁肅戎。

五十年來科學的進展，錢思亮、沈澡、戴運軌、阮維
周、沈宗瀚、周鴻經（數學）、范寧生（數學）、柳安
昌（生理）、樊際昌（心理）、李濟、郭錫管（生物
學）、方子衛。

美術界（畫家），汪文仲（中大學生，卅六年，羅人，
台大師範）。

姓名錄
唐盛鎬，研究蘇聯問題專家，政大留美，哥倫比亞大
學博士，現在 Voice of America 任事，能說甚流利之俄
語，能立刻用俄語譯成英文，英文譯成俄文。考取UN
俄文翻譯，未就。
梁大綸，江蘇，東吳，中英文根柢均佳，行政院政務處
編審。
中國人事行政學會。

贈書
中華民國大
秦孝儀（3）
董顯光（3）

雜項
鏡兒匯款：三十八年 1,250，三十九 900，四十 1,800，
　　　　　四十一 900，共 4,850 美金。
一月八日總裁贈款 5,000 元，特別辦公費 1,000，圓山
1,000。
黨史稿費：經 580，農 540，工 580，水 550，潮 540，
　　　　　外 500，總上 550，總下 650，盟上 685，
　　　　　中 500，林 480?，回顧 75、480、100、570，
　　　　　夫人 560，教育 750，100、440、100、550
　　　　　（5/14）。

研究院月薪：200，詩 100，選 150，戰 240，勝 540，
　　　　　件 480，中 200，領 270，聞 700，抗 750、
　　　　　500、200。
版稅：黨史第一冊三版 2,000，第二冊一版係半 1,800，
　　　第三、四冊初版 5,100（5/10）。
生機 100，人事 100。
二、廿二捐助黨費三千元。
付襯衫 149 元（4/1）
時事地圖集製版費 3,957 元
黨史抽版差額上冊 3,285
黨証修浙○○○○七（三十八年四月）

　生辰　九月廿九
　　妻　一月初四
　　子　二月廿一（四月十六）
陳院長　一月八日
蔣夫人　舊曆二月十二
　宏濤　八、廿一　七、七

總裁批示　二月一日前
史培爾曼來訪（一、五）
杜邱會談（一、九公告）
吉田茂聲明與我訂約（一、十六）
「精神教育」出版（一、一六）
監察院彈劾李宗仁（一、十一）
區黨部大會

第七艦隊司令馬丁來台（一、廿五）

二、文化出版事業委員會常務委員

控蘇案勝利

二月

一日　我控俄案在聯大通過

二日　文化事業出版委員會

六日　英王逝世

十六　總動員運動推行辦法核定

十七　日本代表團抵台

十八　彥棻抵曼谷

三月

二十　美參院通過對日和約

方子衛等譯，五十年來科學的進展，40.11（台幣 10 元），文物供應社。譯自 *Scientific American*, Sept. 1950, vol.183, no.3, The Age of Science 1900-1950.

（一、八）莫斯科的使命，美國史密斯中將著，龍倦飛譯，華國出版社，港幣六元，三十九年九月。Lieutenant General Walter B. Smith, *Moscow Mission 1946-1949*.

（一、十八）蘇聯與遠東，潘崖譯，國立編譯館，華國出版社，新台幣七元，三十九年三月。David Dallin.

戰爭或和平，杜里思（John Foster Dulles）著，王鶴儀譯，華國，三十九、十二，港幣四圓。

天下一家，威爾基著，劉尊棋譯，中外出版社，三十二年八月。

第三次世界大戰寫真，美國柯里亞雜誌，中央日報社，

四十年十一月，五元。

赫爾回憶錄，中央日報譯本，三十七年二月。

美蘇關係秘錄：李海回憶錄（*I Was There*），李海大將
著，許逸上譯，自由中國出版社，三九、六（台幣
三元）。

中國國民黨現階段政治主張專題研究集，本會第四組
印，三九、十一。

何上將抗戰期間軍事報告，上下冊，非賣品。

王芸生，六十年來中國與日本。

國父與歐美之友好，羅香林，文物供應社，40.11，台
幣 7.5。

總理年譜長編初稿，中央黨史史料編纂委員會編印，廿
一年。

總理行誼，吳稚暉講，廿八年。

總理與基督教，謝頌羔編輯，廿六年，上海廣學會。

國父家世源流考，羅香林等，商務，卅一年。

國父之大學時代，羅香林等，獨立出版社，卅四年。

國父革命緣起詳註，許師慎編著，正中，卅六年。

中山先生總理倫敦蒙難史料考訂，廿四年，商務。

中華民國開國前革命史，馮自由，卅三年，中國文化服
務社。

革命通史，第一、二、三集，馮自由，卅四年，商務。

華僑革命開國史，馮自由，卅五年，商務。

中國國民黨史稿，四冊，鄒魯，卅三年，商務。

興中會革命史要，陳少白口述，許師慎筆記，廿四年，
建國月刊社。

James Cantlie, *Sun Yat-sen and the Awakening of China*. London, Jarrold & Sons, 1912. 陳鶴侶、鄭啟中合譯，孫逸仙與新中國，十九年，民智。

Linebarger, Paul M., *Sun Yat-sen and the Chinese Revolution*【*Republic*】, N.Y., Century Co., 1925. 孫逸仙傳記，民智書局，十五年。

The Growth of the American Republic, by S. E. Morison & H. S. Commager, 4th Eds., 2 vols., Oxford Press, 1,800 pages, 70. s. 此書為美國通史最佳之作。

Great Mistakes of the War by Hanson W. Baldwin, London, 1950.

The Far Eastern Policy of the United States, by A. W. Griswold, N.Y. 耶魯大學青年教授。

T. A. Bisson。美國遠東政策 1931-40。時與潮社，譯周競中、董履常。

總裁言論

自反錄，二十年五月，中華書局聚珍仿宋版印。

哲學與教育對於青年之關係（四、十九）

三民主義青年團成立二周年告全國青年書

青年團工作根本要旨

軍人魂（一〇五）

革命魂（九五）

民族正氣（九七）

總理「知難行易」與王陽明「知行合一」學說之綜合研究（一一六）

院長訓詞（一）

革命實踐研究院講詞第二輯（八七）

對當前國際局勢應有之認識（一二七）

改進機關部隊的急務和訓練考核的要領（一五四）

整肅軍風紀要實施四種教育（一五六）

黨員研讀總理遺教應注意的幾點（一五八）

組織的原理和功效（一七八）

黨政業務演習講評（一八四）

教育與國家建設（一九一）

改造教育與變化氣質（二〇二）

中東現勢與英國大選（二〇三）

革命實踐運動綱要（九三）

革命實踐運動十大信條實施辦法（一二九）

新生活運動綱要（四〇）

復興關中訓團總裁訓詞選集（二八）

行政三聯制大綱（一〇一）

國民經濟建設運動之意義及其實施（一六二）

時代考驗青年青年創造時代（一八九）

對於幹部教育的回顧及今後剿匪戰術之檢討（一八一）

說軍紀（一八三）

反攻時期黨政業務準備事項與新縣制之研究（一九〇）

檢查身體（去年一月）

Lungs are clean. Heart and diaphragm（隔膜）are normal.

Impression: Normal chest. 體重 156 磅（一月份）。

民國日記 82

質樸堅毅：張其昀日記
（1949-1950，1952）

Temperament, Simplicity, Strength, and Tenacity:
The Diaries of Chang Chi-yun, 1949-1950, 1952

原　　著	張其昀
主　　編	中國文化大學圖書館
總 編 輯	陳新林、呂芳上
執行編輯	李佳若
排　　版	溫心忻

出　版　　開源書局出版有限公司

香港金鐘夏愨道 18 號海富中心
1 座 26 樓 06 室
TEL：+852-35860995

民國歷史文化學社　有限公司

10646 台北市大安區羅斯福路三段
37 號 7 樓之 1
TEL：+886-2-2369-6912
FAX：+886-2-2369-6990

http://www.rchcs.com.tw

初版一刷	2021 年 11 月 9 日
定　　價	新台幣 380 元
	港　幣 105 元
	美　元　15 元
I S B N	978-626-7036-30-3
印　　刷	長達印刷有限公司
	台北市西園路二段 50 巷 4 弄 21 號
	TEL：+886-2-2304-0488

國家圖書館出版品預行編目 (CIP) 資料
質樸堅毅：張其昀日記 (1949-1950,1952) = Te
mperament,simplicity,strength,and tenacity :
the diaries of Chang Chi-yun,1949-1950,1952/
張其昀原著 ; 中國文化大學圖書館主編 .-- 初版 .
-- 臺北市 : 民國歷史文化學社有限公司 , 2021.11

　面；　公分 .--（民國日記 ; 82)

ISBN 978-626-7036-30-3（平裝）

1. 張其昀　2. 傳記

783.3886　　　　　　　　　　110017377